# AMAR BIEN
## UN DESAFÍO INDIVIDUAL

Mireya Machí

# AMAR BIEN
## UN DESAFÍO INDIVIDUAL

Claves sobre los conflictos en nuestras
relaciones desde un abordaje individual
y sin distinción de género

imbuk
EDICIONES

AMAR BIEN, UN DESAFÍO INDIVIDUAL

©Mireya Machí Martínez, 2018
www.linktr.ee/mireyamachi
IMBUK Ediciones, imbukinfo@gmail.com

1ª Ed. "Celos, enojo y pareja. La nueva mirada": Chile, sept. 2018
2ª Ed. "Amar bien, un desafío individual": Chile, noviembre 2019
3ª Ed. "Amar bien, un desafío individual": Chile, agosto 2022
4ª Ed. "Amar bien, un desafío individual": España, mayo 2023

Diseño de tapas: IMBUK Ediciones con imágenes de uso liberado.
Ilustraciones aliens: David Mourelle Nicolás
Ilustración rana hervida: Alonso Salazar
Ilustración niño interior: Leonardo Silva
Entrevista del Dr. Joe Vitale con el Dr. Hew Len, utilizada con permiso de su directora de Relaciones Públicas, Caroline Harper.

Registro de Propiedad Intelectual Nº 516712019.

ISBN: 978-956-6144-09-0

Impreso por Lulu

*"Dioses sois.*
*Moriréis como hombres,*
*pero Dioses sois".*

Salmo 82, versículos 6 y 7.
Juan, 10:34.

# Agradecimientos

A mi padre, hermanos y sobrinas, la sangre que me habita, me hace genuina y me impulsa a crecer.
A mi madre, quien, desde el otro plano, me sigue inspirando en mis decisiones para ser feliz.

A los maestros que se han hecho presente en mi vida en forma de pareja complicada, porque, además de colaborar en mi autoconocimiento, completaron mi comprensión del fenómeno que aquí describo, aspirando a que también, gracias a ellos, se revista de una renovada luz la mirada de cada lector.

A las amistades que me asistieron con sus inteligentes observaciones para la mejora de la comprensión y llegada de mi mensaje, ellos saben quiénes son.

A mi gran y diversa familia chilena
con todos los hermanos de alma encontrados,
por ser mis compañeros incondicionales
en la escuela de la vida y un acogedor refugio
en este hermoso planeta.

A mi pueblo, Alginet, por su parte de responsabilidad
en parir a esta poeta, aventurera y buscadora
de todos los porqués del Universo.

## PRÓLOGO DE LORENZO SILVA.

(Resumen de su prólogo a "El machismo no es el problema", libro del que éste es su versión más actualizada y adaptada al interés de los afectados)

### Un rayo de luz

*Escritor, relator, columnista y abogado español.
Premio Nadal, Premio Ojo Crítico, Premio Algaba,
Premio Primavera y Premio Planeta, entre otros.
www.lorenzo-silva.com*

Éste que tienes en tus manos, lector, es un libro valiente, inteligente y necesario. Aunque quizá el tercer adjetivo esté ya encerrado en los dos primeros. Respecto de cualquier asunto, pero en especial respecto de cuestiones como el conflicto de pareja, que puede degradarse en violencia, de vital importancia para muchas personas, no necesitamos en absoluto aquellos libros que por cobardía o comodidad se limitan a reproducir los discursos ya establecidos. Menos aún los que, abdicando de todo juicio y toda indagación original, renuncian a colocar las ideas preconcebidas sobre el yunque del razonamiento para aplicarles el martillo de la reflexión crítica. Frente

11

a un problema de incuestionable gravedad, para el que estamos lejos de haber arbitrado soluciones eficaces y del todo convincentes, es preciso que alguien asuma el riesgo de explorar nuevas vías, y eso es lo que, con valor y lucidez admirables, ha hecho la autora de este libro. Ante la indiferencia, o quizá habría que decir la aprensión, de quienes por su formación y por su bagaje teórico deberían haber emprendido la tarea de ahondar en unos comportamientos humanos manifiestamente anómalos, quien viene a tomar al toro por los cuernos es alguien que se sitúa, con la prudencia consustancial a la discreción, extramuros de la ciencia, pero que en absoluto la ignora ni desdeña sus aportaciones.

Es probable que este libro solo lo pudiera escribir alguien como ella. Una mujer, para empezar; y además, una mujer que no habla de oídas, sino que se aproxima a la realidad del maltrato de pareja desde su experiencia directa como afectada. A lo que aún habría que añadir una tercera y crucial circunstancia: la de haber logrado finalmente escapar, sana y salva, de la degradación vital que el maltrato supone, y haber hallado después el modo de reparar el trauma que, incluso cuando la agresión cesa, permanece incrustado en la mente de quien la sufrió. Todo esto otorga a quien escribe estas páginas una autoridad singular, y quien pudiera pensar que la excesiva implicación personal pudiera a cambio conducirla a la subjetividad o a una incapacidad para examinar con frialdad los claroscuros de la materia objeto de su estudio, podrá confirmar al leerla que no es así.

En otro sentido, no puedo sino mostrarme igualmente de acuerdo con la puesta en cuestión del término "violencia de género", por cuanto con él se alude solo a una parte de un problema más vasto, que es el que realmente nos ocupa: la violencia en el seno de la pareja, que también pueden sufrir hombres, a manos de mujeres u otros hombres, o mujeres a manos de mujeres. Incluso, como subraya la autora, la violencia de género aludiría más propiamente a cuestiones que nada tienen que ver con esta pandemia que nos deja tantas víctimas mortales al año y tantas personas traumatizadas de por vida. La violencia que la mujer sufre por el hecho de serlo se despliega más claramente en otros ámbitos y son otros sus ejecutores: desde la explotación sexual de mujeres y niñas a las mutilaciones o infanticidios (perpetrados por extraños o por los padres, y en algún caso, con mayor protagonismo de las ascendientes femeninas). Quien ha escrito este libro lo ha hecho desde una insobornable independencia y sin el menor ánimo de contentar a ninguna instancia, por conveniente que pueda ser su beneplácito.

La autora propone una interpretación alternativa al conflicto violento de pareja: que en gran parte de los maltratadores/as lo que hay es una disfunción emocional/psicológica todavía no suficientemente estudiada ni identificada, que padecen hombres y mujeres. Y en la genealogía de ese trastorno se lanza la autora a indagar con encomiable empeño; más teniendo en cuenta que se trata en buena medida de una *terra incognita*. Razonando sobre su experiencia, y sobre la atenta observación de otras muchas vivencias que han llegado a su conocimiento, formula una serie de hipótesis sobre la génesis y la dinámica del trastorno. Alguno dirá que ello constituye un alarde de audacia por parte de quien ostenta la condición de profana en la disciplina científica de que se trata, pero la carencia de formación reglada no equivale a desconocimiento (ya querría uno que muchos titulados tuvieran la claridad de conceptos que exhibe este libro) y tampoco excluye la posibilidad de abrigar intuiciones certeras. Serán los psicólogos y psiquiatras quienes deberán analizar y cuestionar esas hipótesis, y validarlas o desmentirlas con una argumentación, como mínimo, tan rigurosa como la que las sustenta. No es quien esto escribe el indicado para enjuiciarlas desde un criterio técnico, pero lo que sí puede decir es que se le antojan llenas de sentido común y, si no definitivas en todos sus extremos, francamente plausibles en su sesgo general.

Estoy convencido de que este libro marcará un hito en el enfoque del conflicto de pareja, y de que llegará un día en que enfrentemos el problema de forma distinta a como lo estamos haciendo ahora. También tengo la esperanza de que ese día serán menos las mujeres muertas o humilladas, menos los niños troquelados en la intolerancia y la violencia, y menos también los hombres que sufren el maltrato de pareja, en todas sus formas, incluida la que ahora tiene como demoledor intermediario al aparato judicial del estado. No me cabe duda de que en el ánimo de la autora solo está contribuir a la salvación de todas esas personas. Por todo ello, cuando llegue, podrá sentirse legítimamente orgullosa, y nosotros, sus lectores, le estaremos aún más agradecidos de lo que ya lo estamos por ofrecer un rayo de luz diferente frente a la uniforme oscuridad.

Lorenzo Silva.

# 1 INTRODUCCIÓN

Cuando escribí "El machismo no es el problema", mi primer libro sobre el fenómeno de la violencia de pareja e intrafamiliar, estaba lejos de proyectarme como escritora en este tipo de temáticas. Mis inquietudes literarias iban por el lado de la poesía, un género que me acomoda por su naturaleza sintética y catártica. Aquel libro, en cambio, llamó a la puerta de mi conciencia y lo hice por un compromiso social con el conocimiento al que tuve acceso. Sin embargo, aspiré a que fuera el último. Supuso para mí un enorme esfuerzo porque, habiéndolo fundamentado en mi propia experiencia como maltratada, quise dotarlo de una consistencia científica que, finalmente, le otorgó el crédito para que una editorial especializada en psicología asumiese su publicación y un reconocido escritor, como Lorenzo Silva, su prólogo. A partir de ese momento y, bajo el seudónimo de Araceli Santalla, inicié una gira de conferencias en distintos foros internacionales para explicar por qué "el machismo no es el problema" y cuál era entonces el problema. Si bien, este tema me enlazaba con recuerdos dolorosos, me daba satisfacción observar cómo mi enfoque generaba interés y sanadoras reacciones, con lo que pude transmutar totalmente la energía de aquella experiencia. Poco a poco, empecé a entender que difundirlo era parte de mi misión en esta vida.

Dicha misión empezó en 2010 en España, nueve años después de aquella relación. Una vivencia extrema que, no obstante, alumbró en mí un discernimiento insólito sobre la personalidad maltratadora, tema alarmantemente confuso desde las instancias que han asumido su abordaje en Europa. Eso observé y sobre ello quise hacer un aporte enfocado al mundo científico y académico, confiando que estimulase la apertura de nuevas vías de investigación terapéutica de la personalidad maltratadora. Y aunque obtuve el entusiasta feedback de un psicólogo especializado en autismo, su campo de trabajo era otro, por lo que todavía no me constan iniciativas terapéuticas desde el mundo profesional en Europa que consideren esta propuesta. En Hispanoamérica encuentro también la misma desorientación que experimentaba mi país y la misma réplica de errores en el tratamiento del fenómeno.

Pude reimprimir aquel libro para no complicarme, sin embargo, yo no soy la misma después de diez años en el continente que expandió mis verdaderos potenciales, entregando a mis conocimientos un enfoque mucho más holístico e integrador. Además, siento que el receptor oportuno de estos aportes debe ser ahora la persona de a pie, pues, en definitiva, es la última responsable de su conducta y decisiones. Hoy era urgente una actualización que contemplara lo esencial de mi propuesta para el abordaje directo de los conflictos de pareja sin distinción de género y la construcción de relaciones exitosas, empezando por lo que puede hacer el individuo por sí mismo, superando todo victimismo, sea cual sea su rol.

Así nació "Amar bien" y aquí te ofrezco su cuarta edición, que sigue invitándonos a enfocarnos creativamente en aquello que deseamos lograr, con nuevas ideas y matices que van abarcando más caras del prisma de la realidad que, ojalá, inspiren las respuestas que buscamos para optimizar nuestro tiempo en este planeta.

Te entrego esta obra desde la alegría de comprobar el alquímico poder que tiene el ejercicio literario para la autosanación, pero también desde la autoridad que me concede la experiencia, mi formación autodidacta y, especialmente, la gratitud de tantas personas que, escuchando mis argumentos, se han sentido por primera vez comprendidas, reconocidas y acogidas en toda la complejidad de sus vivencias y emociones.

Que estas páginas sigan iluminando, pues, nuestras relaciones y recordándonos lo que, en esencia y origen, todos sabemos hacer perfectamente:

AMAR BIEN.

## 2 ¿EL BUEN O MAL TRATO ES DE GÉNERO?

Te avanzo, querido lector, que este libro hará una panorámica sobre el conflicto de pareja desde afuera hacia adentro. Por tanto, en primer lugar, observemos cómo se ve este fenómeno desde el ámbito político y mediático, a menudo situado a extrarradio de la experiencia e investigación directa. Reflexionemos algo usando tan solo nuestro sentido común: Solemos ver que los titulares de los medios de comunicación, al referirse a algún suceso sangrante de maltrato de pareja, en caso de ser de hombre contra mujer, siempre lo definen como violencia "de género". Sin embargo, a un nivel más de andar por casa, de familia, amigos o vecinos, todos sabemos, por distintos ejemplos, que el maltrato no es monopolio de un género y que, sin ser tan amplificado por los medios, el de mujer contra hombre existe dentro del ámbito de la pareja en múltiples formas e intensidades, así como en parejas del mismo sexo. ¿Por qué no reciben entonces el mismo tratamiento?

### 2.1 EL TEMA DE LOS CONCEPTOS

Para que hablemos el mismo idioma de ahora en adelante, es importante aclarar el tema de los conceptos, ya que la confusión que existe al respecto dificulta encontrar las soluciones. La violencia de género es un tipo de violencia física o psicológica ejercida contra una persona sobre la base de su sexo o género que impacta de manera negativa en su identidad y bienestar social, físico o psicológico. Sin embargo, institucional y mediáticamente se ha consensuado que esta violencia es sinónima de la violencia exclusiva contra la mujer. Considerando pues, que esta violencia se ejercería contra ella por el mero hecho de ser mujer, acordamos que en su axioma entrarían ejemplos como: la ablación genital (amputación del clítoris) en costumbres extremistas africanas, el aborto selectivo de niñas en algunos países orientales, el analfabetismo femenino, la trata de blancas, la discriminación salarial por género, el acoso y chantaje sexual en el trabajo, el matrimonio pre-pactado con menores y un penoso etcétera. Eso es violencia de género, sin duda.

Pensemos ahora si, en cambio, la violencia que se produce dentro del ámbito de la pareja, siendo "científicos" y precisos, no se debiera llamar "de género" mientras entre las motivaciones principales de los agresores estén los celos y la venganza patológica. Estos síntomas, tan presentes en los conflictos sentimentales, no se pueden achacar a un solo género, pues encontramos tanto mujeres como hombres hostigados por parejas, de cualquier género, atormentadas por delirios celotípicos, inseguridades, envidias, desconfianzas y criterios castigadores varios.

Entonces, existe y es grave la violencia de género, cuyo análisis está cubierto por diversas disciplinas sociológicas, antropológicas y culturales. Sin embargo, no recibe apenas atención la violencia de pareja, que se da en el ámbito de las relaciones sentimentales con independencia del género de agresor y víctima, siendo un fenómeno de cariz psicológico-emocional y cuyo abordaje, como afirmaba el psiquiatra Valentín Barenblit, no compete a la justicia, sino a las instituciones de salud mental.

Es por ello que, aquí, cuando nos refiramos a este tipo y grado de maltrato, hablaremos de dicho fenómeno psicológico desatendido, porque no abordaremos solo la violencia que ejerce el hombre contra la mujer en la pareja, sino también la de ella contra él en las mismas circunstancias, la que sucede en el seno de parejas LGTB o la que se produce dentro del hogar, sobre todo, de padres a hijos pues, sin ser de pareja, está en el origen del problema. Y lo haremos sin necesidad de ejemplificar cada una, porque entendiendo la raíz que las hace brotar, las vamos a entender todas.

## 2.2 LA CLAVE NO ES EL MACHISMO, ERES TÚ

Si bien el machismo es la otra cara de la moneda de la *violencia de género*, en el tema de la *violencia de pareja* y la violencia intrafamiliar, el machismo tiene poco que decir. Y esto se podría comparar con el alcoholismo: los estudios demuestran que la mitad de maltratadores son alcohólicos y la otra mitad no lo son. Lo mismo sucedería con el machismo, que una parte de agresores son machistas, pero no todos actúan instigados exclusivamente por esa distorsión cultural. Y para distinguirlos bastaría con preguntarse por el móvil de la agresión: si son los celos, no es machismo, porque también por celos agreden las mujeres y, obviamente, no se puede atribuir la agresión celosa de ellas a una suerte de "hembrismo", que vendría a ser, por traslación "el maltrato al hombre por el mero hecho de ser hombre".

Por eso, en el maltrato de pareja, la clave eres tú, es el individuo (hombre o mujer) y los fantasmas que habitan su mente, generalmente alimentados por un combustible llamado "celos agresivos", entendiendo éstos como una suma de inseguridad afectiva e impulso castigador. En la medida en que vayamos reconociendo esto, la *violencia en la pareja*, empezará a vislumbrar un fin.

Empecemos, pues, por mirar al maltratador o maltratadora que todos llevamos dentro y a preguntarle sus porqués. Ahí nos daremos cuenta cómo casi todos padecemos de una inseguridad afectiva fraguada en la infancia que hoy en día nos pone a la defensiva ante el mundo, sumidos en la sensación de que vivimos desprotegidos, que somos frágiles, que cualquiera puede "rompernos" y que por eso debemos estar en alerta permanente, con el escudo y la espada enarbolados ante todo comentario, gesto o señal que pueda significar una ofensa o daño. Curiosamente, como también nos acostumbraron desde pequeños a cierta frecuencia de crítica y agresión, nosotros mismos nos procuramos un ataque bastante frecuente a nivel inconsciente: soy mala, soy mezquina, soy gorda, soy incapaz, soy floja, soy tonta, etc. Después hablaremos un poco más de esto. La cuestión es que el fin del maltrato empieza por ti, por que dejes de maltratarte y que, a continuación, dejes de maltratar o de ver amenazas en los gestos y actitudes de los demás.

## 2.3 EL MACHISMO SE DISUELVE CUANDO APAGAS EL MOTOR QUE LO ALIMENTA

*"El machismo no es el problema, es solo el ambiente donde el verdadero problema se encuentra cómodo".* Esto asevero en mi libro *El machismo no es el problema*, analizando una significativa estadística internacional realizada por el Centro Reina Sofía para el Estudio de la Violencia. Resulta que, en ella, los países más desarrollados, igualitarios y liberales de Europa, los del norte, tenían un índice de feminicidios por millón de mujeres más alto que los países próximos al Mediterráneo, considerados tradicionalmente más machistas. Asombra, de hecho, el caso de Finlandia, que desde 1984 lleva aplicando estrictas políticas de igualdad y, sin embargo, arrojaba una tasa de feminicidios que en 2006 duplicaba la de España. ¿Por qué? se preguntaba todo el mundo. La interpretación que ofrecimos, desde mi libro y nuestra Asociación, es que las políticas de igualdad se centran en el empoderamiento personal, la liberación cultural, el medro social y el ascenso laboral de la mujer, pero no se orientan en abordar los celos de los hombres. ¿Resultado? Mujer liberada x Celoso sin tratamiento = Explosión de feminicidios. Comprender esta asociación implica, como podrán deducir, que paralelamente a las políticas

de igualdad habría de implementarse programas terapéuticos accesibles a toda la población celosa junto con campañas publicitarias que ayudasen al afectado (y su pareja) a identificar esta patología y su potencial peligrosidad, para así manejarla adecuadamente.

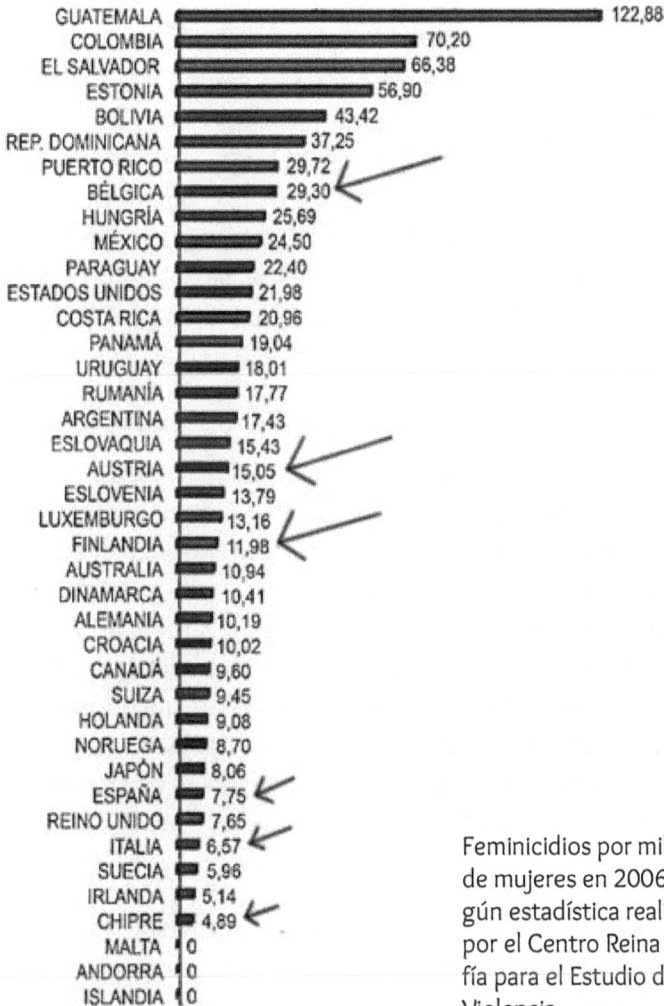

| País | Feminicidios por millón |
|---|---|
| GUATEMALA | 122,88 |
| COLOMBIA | 70,20 |
| EL SALVADOR | 66,38 |
| ESTONIA | 56,90 |
| BOLIVIA | 43,42 |
| REP. DOMINICANA | 37,25 |
| PUERTO RICO | 29,72 |
| BÉLGICA | 29,30 |
| HUNGRÍA | 25,69 |
| MÉXICO | 24,50 |
| PARAGUAY | 22,40 |
| ESTADOS UNIDOS | 21,98 |
| COSTA RICA | 20,96 |
| PANAMÁ | 19,04 |
| URUGUAY | 18,01 |
| RUMANÍA | 17,77 |
| ARGENTINA | 17,43 |
| ESLOVAQUIA | 15,43 |
| AUSTRIA | 15,05 |
| ESLOVENIA | 13,79 |
| LUXEMBURGO | 13,16 |
| FINLANDIA | 11,98 |
| AUSTRALIA | 10,94 |
| DINAMARCA | 10,41 |
| ALEMANIA | 10,19 |
| CROACIA | 10,02 |
| CANADÁ | 9,60 |
| SUIZA | 9,45 |
| HOLANDA | 9,08 |
| NORUEGA | 8,70 |
| JAPÓN | 8,06 |
| ESPAÑA | 7,75 |
| REINO UNIDO | 7,65 |
| ITALIA | 6,57 |
| SUECIA | 5,96 |
| IRLANDA | 5,14 |
| CHIPRE | 4,89 |
| MALTA | 0 |
| ANDORRA | 0 |
| ISLANDIA | 0 |

Feminicidios por millón de mujeres en 2006 según estadística realizada por el Centro Reina Sofía para el Estudio de la Violencia.

Este ejemplo permite entender que el VERDADERO MOTOR que alimenta el machismo y la violencia en las relaciones de pareja es más profundo e ingobernable que el propio machismo y la denostada cultura patriarcal. Corrijamos: quizá no sea ingobernable; quizá simplemente nos había pasado desapercibido.

**El machismo es un contexto que el celoso construye inconscientemente para mantener sus celos a raya.** Sin ese contexto, sus celos estallan con más virulencia y frecuencia. La dedicación histórica de la mujer al hogar y del hombre a la política favoreció que fuera el varón **celoso** quien tuviera poder para institucionalizar el sometimiento de la mujer con leyes machistas. Esto hizo que, finalmente, se entendiera el machismo como causa del sometimiento de la mujer, olvidando que el germen de esta discriminación era de naturaleza patológica, originada en una enquistada inseguridad afectiva presente en todos (hombres y mujeres), pero que a través de los hombres se proyectaba, en forma de machismo, en las estructuras institucionales y sociales. Por culpa de ese olvido, hoy en día se trabaja en eliminar leyes y criterios machistas sin combatir a la vez esa disfunción afectiva que causa los celos agresivos. De este modo, el trastorno se ve provocado y estalla. **El celoso no deja de ser celoso tras eliminar el machismo, pero sí encuentra más justificadas sus paranoias y cede más fácilmente al impulso de castigarlas.** De ahí que no se reduzcan los feminicidios en los países donde más se trabaja por la igualdad.

De hecho, es lo que comprendí tras 15 años de investigación: este motor es una disfunción emocional asociada a los celos patológicos y éstos son consecuencia de la inseguridad afectiva traumática que aqueja a hombres y mujeres "tratados inadecuadamente" en su infancia. De qué modo fueron tratados estos niños y niñas para generar un desequilibrio así, lo veremos más adelante. De momento entendamos que si apagásemos ese motor (esa disfunción) y los hombres, como también las mujeres, recuperasen su seguridad afectiva, el machismo se disolvería por innecesario, ya que **el machismo es un simple escenario protector para hombres celosos, miedosos e inseguros.**

Ahora bien, primero quitemos el miedo y después el escenario, porque si lo hacemos al revés, el celoso estallará por pánico.

Tentativa de complementación gráfica de la idea:

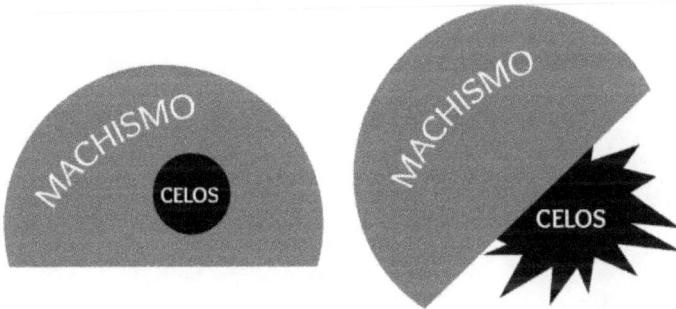

Mireya Machí

## 3 ¿SOMOS RESPONSABLES DE LO QUE NOS PASA?

Todos conocemos personas e, incluso, siendo honestos, nos reconocemos, a veces, en la persona que vive quejándose de todo: que llueve, que hace calor, los políticos que nos engañan, lo injusto del sueldo que me pagan, la mala suerte que tengo con los hombres, lo maleducados que son los clientes, lo prepotente que es mi jefe, lo pésimo que juega mi equipo, lo mal que manejan todos, lo egoísta que es mi hijo, lo pesada que es mi madre, lo cara que está la bencina, etcétera. Somos unas perfectas víctimas de la vida a expensas de sus vaivenes y circunstancias, como una marioneta. Y claro, como mi familia era pobre, como mi madre me pegaba, como mi vecino abusó de mí, como me quedé cojo por un accidente, como mi hijo se murió, como mi pareja me dejó hace un año o como quebró mi empresa hace tres meses, ahora no puedo prosperar, ni mucho menos, ser feliz. Las circunstancias son dueñas de mi destino o, mejor dicho, de mi poder personal.

¿Y si les digo que todo lo que nos pasa lo estamos creando nosotros momento a momento, palabra a palabra, emoción a emoción, pensamiento a pensamiento? El caso es que no lo digo yo. Verán, hace unos pocos años, los físicos de vanguardia descubrieron algo que intuitivamente ya sabían los pueblos originarios de las culturas más antiguas del planeta: el comportamiento de la materia responde a nuestra observación y expectativa. En concreto, a la vibración que resulta de la emoción que genera esa observación expectante. Y dicha expectativa la crean nuestros pensamientos, alimentados por nuestra voluntad y nuestras creencias. Es por ello que, según recientes investigaciones, al menos un 90% de enfermedades tienen un detonante emocional. Hay mucha literatura al respecto y en internet pueden encontrar información más actualizada acerca de la influencia de la mente en el comportamiento de la materia, pero recomiendo un breve y didáctico video llamado *"El experimento de la doble rendija"*, donde explican cómo las partículas de materia actuaban de distinto modo ante la presencia o ausencia de un observador. Como si tuvieran inteligencia y humor propio o, lo que es más plausible, como si nosotros fuésemos los "directores" inconscientes de su comportamiento.

Quizá por ello decía el Génesis que fuimos hechos "a imagen y semejanza de Dios", es decir, que también nosotros tenemos poder para dirigir o moldear la realidad, una realidad que, por inconsciencia, moldeamos desastrosamente, pero que igualmente la creamos nosotros, nunca "nos sucede" por buena o mala suerte. De la persona que utiliza la ley de atracción de un modo positivo se dice que tiene suerte, pero las casualidades, en este universo matemático, no existen. Hablemos de esta ley.

## 3.1   LA LEY DE ATRACCIÓN

Esta ley universal dice que los pensamientos, conscientes o inconscientes, influyen sobre nuestras vidas, siendo unidades energéticas que nos devolverán una onda similar a la que generemos. Por la ley de atracción, los pensamientos que una persona emite, provocan emociones, creencias y consecuencias. Es decir, que tus pensamientos determinan tu experiencia. Tus amigos, tu familia, tus relaciones, tu trabajo, tus problemas y tus oportunidades han sido atraídos hacia ti por tu modo habitual de pensar en cada una de estas áreas.

Puedes auto disciplinarte enfocando tus pensamientos hacia lo que te interese y rehusando pensar sobre lo que no te convenga. En concreto, para gestionar esta energía, se siguen cuatro pasos:

1) Saber qué es lo que uno quiere específicamente.
2) Enfocar los pensamientos sobre el objeto deseado con sentimientos de entusiasmo y gratitud.
3) Sentir y comportarse como si el objeto deseado ya hubiera sido obtenido.
4) Estar abierto a recibirlo, con desapego y confianza.

Una de las frases de Jesús recogida por Mateo (Mt. 21:22), que simplificaron por ese "Y todo lo que pidiereis en oración, creyendo, lo recibiréis" y por Marcos (Mc. 11:24) con ese "Por tanto, os digo que todo lo que pidiereis orando, creed que lo recibiréis y os vendrá" (versión Reina-Valera, 1960), según investigadores independientes en una interpretación más profunda del sentido original perdido en la traducción del arameo al latín, en realidad decía algo más similar a esto: **"todo lo que pidáis en oración, <u>si os sentís como si ya lo hubierais recibido</u>, os será concedido"**. Una frase que, por sí sola, concentra una de las enseñanzas fundamentales del Maestro para todo iniciado y que recuerda este atributo creador que compartimos con Dios, la Fuente, la Inteligencia Universal o como quieran llamar a ese manantial energético del que todos provenimos. Es decir, en realidad nadie nos entrega nada desde nuestra pasividad pedigüeña, sino que nosotros mismos, desde nuestro hablar, pensar, sentir y actuar en total coherencia interna, atraemos magnéticamente esa situación o pedido. Por tanto, **no atraes lo que pides, atraes lo que ERES**. Por ejemplo: Si sueles tener dificultades económicas, pero vives identificándote siempre con los pobres, adoptando costumbres pobres, expresando, de cualquier modo, que eres pobre y sintiendo que el pobre es mejor (más "bienaventurado") que el rico, seguirás atrayendo pobreza y dificultades económicas, por mucho que ruegues a Dios salir de esa precariedad y trates de ser bueno para que te lo conceda.

Tenemos un ejemplo científico que en música se llama el *principio de resonancia simpática*. Si se colocan dos pianos separados en una habitación grande y se golpea en uno de ellos la nota «do», se puede ir seguidamente hacia el otro piano para observar que en él la cuerda correspondiente a la nota «do» está vibrando con similar intensidad que la cuerda hermana del primer piano.

Pues bien, según este mismo principio, tú tiendes a conocer, relacionarte y afectarte por gente y situaciones que vibran en armonía con los pensamientos, creencias y sentimientos que te dominan.

### 3.2   LA PERSONA AGRESIVA Y SU REALIDAD CREADA

Así pues, ¿cómo la persona agresiva crea su realidad? Primero acordemos que, como sucede con muchos animales, un humano en actitud agresiva debe estar percibiendo alguna amenaza, ya que, sin ella, no habría razón biológica para responder con agresividad. ¿Y cuál es su amenaza? Todo. Un ser humano agresivo es un niño o niña, quizá incluso un feto, que se sintió desprotegido y dada su fragilidad emocional, psicológica y física, todo su entorno resultaba hostil hacia él ante la falta de una madre protectora. De hecho, se sabe que un bebé sin caricias y asistencia emocional en sus primeros meses, se muere. Afortunadamente, este extremo no es habitual, como sí lo es una atención emocional deficiente e inconstante que, si bien, no provoca la muerte, sí genera múltiples patologías que se acaban manifestando en la vida adulta. Como argumenta el Doctor en Medicina Celso Arango, Profesor Asociado de Psiquiatría en la Universidad Complutense de Madrid, *"La vivencia de abusos en la niñez altera el eje hipotalámico-hipofisiario-adrenal (HPA) y se relaciona con un aumento del riesgo de múltiples formas de psicopatología. Esta investigación pone en evidencia la importancia de la vinculación de las relaciones de los progenitores con el niño durante su desarrollo. Así, el maltrato condicionaría alteraciones en el desarrollo del eje HPA y la expresión de receptores glucocorticoideos que a su vez aumentarían el riesgo de padecer trastornos mentales por una mala adaptación a factores estresantes."*

Así y todo, tenemos el potencial de revertir esa falencia con diversas estrategias, pero para ello primero hemos de saber que las necesitamos, cosa que no siempre sucede.

¿Qué ocurre, pues, ante la falta de esa consciencia? Que la persona agresiva crea la realidad amenazante que le condicionaron y le acostumbraron a ver. La crea en su imaginación primero y pone tanta energía en la visualización de esa escena que, finalmente, la materializa de algún modo. Por ejemplo: Pide un préstamo al banco y mientras espera la respuesta, su mente vive imaginando la escena en que se lo niegan, porque en el fondo siente que no lo merece. ¿Se imaginan qué tipo de magnetismo estará emitiendo esta persona? Pues bien, como vimos, la energía que uno genera atrae energías de vibración similar o compatible. Con toda probabilidad, no obtendrá ese crédito.

A menudo hemos oído contar a quienes se dedican a la caza, que, si te encuentras de frente con un animal más grande y rápido que tú y no tienes con qué matarlo, no es inteligente echarse a correr. Es mejor quedarse quieto, sin demostrar inquietud, ni dirigir una mirada directa que el animal pueda interpretar como desafío. Pero lo más importante: ¡no demuestres miedo! ¿Y esto por qué? Porque la vibración del miedo es compatible con la vibración de la agresión. El miedo te revela como presa óptima para ser cazada, porque el miedo entorpece y, a menudo, paraliza. Sin embargo, con una actitud indiferente y relajada, nuestra vibración se aleja tanto de la del depredador que éste, sencillamente, deja de vernos como presa a su alcance.

De acuerdo, esta es la teoría y entiendo que no es fácil ponerse en plan "ommm" delante de una bestia hambrienta. Pero el ejemplo sirve para ilustrar cómo crea su realidad la persona agresiva que, en el fondo, es una persona miedosa. Esta persona simplemente se está poniendo en la vibración compatible con la agresión, con la amenaza que teme, de modo que vuelve justificada su agresividad posterior, ya que, ciertamente, la realidad parece ponérsele en contra. Sin embargo, esto no es aleatorio, como hemos visto. Es tal y como funciona la ley de atracción.

En las relaciones de pareja, la persona agresiva, especialmente si es celosa, también crea su realidad, la realidad que más pavor le causa: el abandono. Y lo hace por su inconsciente, pero disciplinado ejercicio de visualización del abandono que teme. Probablemente le resulte difícil controlar ese pensamiento en que ve a su pareja traicionándole, porque durante su infancia, se sintió traicionado/a muchas veces por quien fuera el primigenio "amor de su vida", generalmente la madre, que unas veces le amaba y otras le ignoraba, abandonaba o castigaba.

Sin embargo, visualizar el desastre una y otra vez actuando de forma defensiva-agresiva ante él, no hace más que ordenar las partículas de la materia en línea con ese pensamiento, aumentando las probabilidades de que suceda o se mantenga algo compatible con esa emoción.

### 3.3   LA PERSONA AGREDIDA Y SU REALIDAD CREADA
Como pueden suponer, la persona agredida no escapa a la misma ley universal. A menudo, tras conocer las historias de diferentes personas maltratadas nos preguntamos ¿por qué

tienden a caer en relaciones del mismo tipo una y otra vez? No sucede en todos los casos, pero sí en una mayoría que, tras romper con una pareja tóxica, acaba enamorándose y uniéndose a otra igual o más tóxica incluso. ¿Acaso no aprendió de la experiencia? ¿Acaso le gusta que la maltraten? Y tantas preguntas prejuiciosas que nos hacemos sobre las motivaciones de alguien reincidente. Sin embargo, lo que ocurre en realidad es mucho más complejo en este caso. No es solo que sigue creando una realidad coincidente con vibraciones que ha normalizado e interiorizado.

Ella (la persona agredida) sigue creando esta realidad porque, además, está enamorada de la parte luminosa de la persona agresiva. Esto puede ser desconcertante, pero en el siguiente capítulo lo veremos más claro. Resulta que la persona agresiva no es, digamos, "tóxica" o maltratadora todo el tiempo, sino solo en momentos de crisis que se producen con una frecuencia determinada en cada afectado. Una persona celosa patológica agresiva puede manifestarse como tal en estados de crisis intermitentes, mientras que puede ser una persona absolutamente normal (generosa, paciente, confiada, respetuosa y atenta), el resto del tiempo. Y no es que finja, es que así actúa esta disfunción: su emoción es sincera en ambos estados. Esto sucede porque en su infancia no fue tratada mal todo el tiempo y cuando fue tratada bien, desarrolló ese lado positivo y amable que también es capaz de disfrutar y ofrecer con autenticidad.

La persona agredida está enamorada pues, de lado amable y vive en la fantasía de que, adaptando su propia conducta a las expectativas de su pareja, logrará que se mantenga permanentemente en ese lado. Esto explicaría su dificultad para dejar a una misma pareja, sin embargo, no explica que, al liberarse de una relación tan destructiva, acabe repitiendo lección con otra similar.

### 3.3.1 Abordemos la reincidencia

El desequilibrio de la persona agresiva la somete a extremos emocionales muy polarizados: de estar tan confiada y eufórica que se deshace en atenciones románticas y apasionadas con su pareja, a estar tan encolerizada e irascible que destroza sin piedad todo pilar de autoestima que a ella la sostuviera. No obstante, los momentos de estado normal suelen ser más largos que los momentos de crisis y el príncipe o princesa en que se convierte esta persona acaba resultando muy adictivo/a. Es decir, que una acaba creyendo que la normalidad es esa euforia desmesurada y agasajadora que, por unos indescriptibles momentos, te hace sentir como protagonista de una comedia romántica, de esas en que todo acaba bien. Y claro, te engancha y te hace albergar la esperanza de que tu historia también acabará bien. Sin embargo, cuando el cuento de hadas se hace pedazos y al terminar definitivamente esta relación pierdes esos momentos de éxtasis, igual conservas en la mente el recuerdo distorsionado de que el estado normal era esa euforia romántica que puntualmente disfrutaba tu ex y sientes cierta adicción a ella, por lo que buscarás personas que manifiesten ese extremo. Lo que no sabes es que esa euforia también es síntoma de una personalidad patológica. Es lo que se ha observado claramente en personalidades bipolares y límite, pero todavía no se ha diagnosticado en las personalidades maltratadoras. Sin embargo, funcionan igual. Los extremos son patológicos. Por eso, ante personas muy arrebatadoras, pasionales, hiper-románticas y viscerales, mantengamos una sana sospecha sobre su equilibrio emocional.

### 3.3.2 La compensación en los perfiles de agredidos

Hay otro fenómeno subconsciente que también experimentan muchas de las personas que inciden en relaciones conflictivas y es el apego a la compensación. Cuando alguien ha sido tratado/a inadecuadamente durante su infancia de manera frecuente con la acusación implícita de que "eres malo/a", a causa de una regla instalada en el inconsciente colectivo y que llamo "el criterio de castigar lo malo", su cerebro inconsciente, como recurso de adaptación e inercia, se habitúa a recibir un cierto maltrato. Por lo general, no lo va a buscar conscientemente, pues a ese nivel ya disponemos de información y madurez para rechazarlo, sin embargo, como el hábito se estableció durante la infancia, esta disposición funciona a nivel inconsciente. Y es a ese nivel en que, si no hay otra persona que nos maltrate o nos critique, nosotros mismos lo haremos, de las múltiples formas en que uno/a mismo/a se puede castigar. Pero también sucede que, por lo mismo, a nuestro inconsciente le "acomoda" que las personas de nuestro entorno nos castiguen dosificadamente, por lo que tendemos a atraer ese trato a nuestra vida. Esto lo hacemos a nivel vibracional, porque basta con que te sitúes en la emoción de que "no sirvo" para que acabes atrayendo personas que te refuercen esa creencia falsa. Y esas personas con su maltrato son las que cierran el círculo, compensando la costumbre a ser castigados en la que nuestros padres o tutores nos habían instalado, mientras asumo, además, el criterio universal de que "todo lo malo tiene que castigarse".

El sadomasoquismo pactado que a veces se da en relaciones sexuales extremas está muy relacionado con esta compensación.

Esto nos ayuda a interpretar, con asociaciones asequibles, las anomalías de conducta de muchas personas. Pero para comprender otros porqués más profundos, igual es útil estudiar ciencias como la *psiconeuroinmunología* - el estudio de cómo los pensamientos y emociones afectan a nuestro sistema inmune, siendo muy clara respecto a los agentes químicos y moleculares responsables de múltiples trastornos. También de ello habla la *nueva medicina germánica* del Dr. Hamer, de donde beben la *biodescodificación* y la *bioneuroemoción*, dos métodos terapéuticos revolucionarios, así como las *constelaciones familiares* o la *epigenética transgeneracional*. Esta interesante disciplina estudia cómo las emociones intensas afectan nuestro ADN y los efectos que pueden tener en la salud y entorno relacional los impactos emocionales no resueltos que sufrieron nuestros ancestros. Dichos impactos viajarían en nuestros genes hasta expresarse en forma de enfermedad en el individuo que el árbol genealógico entiende que tendrá la capacidad para resolverlo, liberando así a su linaje de aquel trauma.

Todas estas técnicas nos servirán para obtener un mapa diagnóstico más completo de lo que a una persona agresiva o agredida le sucede en distintos niveles, entregándonos herramientas complementarias para abordarlo.

Además, la propuesta de este libro permite entender las causas profundas de cariz psicológico-educativo que nos situarán en una posición mucho más neutral y ventajosa a la hora de interpretar las conductas agresivas en entornos familiares. Vamos allá.

## 4  ¿POR QUÉ TE ENOJAS?

No me refiero a esa agresividad natural que uno demuestra en casos de defensa propia, sino a la que uno saca en el contexto familiar o de la pareja con un ímpetu desproporcionado, pudiendo extenderla a las relaciones de amistad, de trabajo o de colegio, ámbitos generalmente seguros y, en el caso de la pareja, expresamente elegidos o creados para compartir amor y protección. Entonces ¿por qué somos agresivos en entornos "familiares"?

### 4.1  SI NO SOMOS BOMBA, LA CHISPA NO PRENDE

Cabe aclarar que no es lo mismo enojarse que perder el control, como podrán deducir. Aunque, cuando alguien está haciendo un trabajo de crecimiento personal, debiera observarse cualquier reacción inarmónica, como un enfado, por pequeño que sea. Porque, si lo pensamos bien, los enojos vienen de nuestro propio ego. Vienen de esa vocecita que nos susurra "no te toman en serio", "se están burlando de ti", "están abusando de tu bondad", "no puedes permitirlo", "son malos y la maldad merece un castigo" ... Esa vocecita viene de nuestra inseguridad y desconfianza propia. En realidad, nada es personal. Incluso cuando alguien tiene explícitas intenciones de hacernos daño, esa actitud está hablando de él mismo, no de nosotros. Esa persona, ha perdido el control y se está dejando llevar por el ego. Si nosotros después hiciésemos lo mismo, estaríamos cayendo en su error y se armaría la guerra. Es lo que sucede habitualmente: que entregamos nuestra paz interior por cualquier cosa. Todo nuestro equilibrio interno, nuestro amor, nuestra tranquilidad, la dejamos colgando del finísimo hilo que cualquiera puede zarandear desde su propia inestabilidad y desasosiego interno. Para que la chispa detone la bomba, primero ha de haber una bomba preparada. Si no somos bomba, la chispa no prende nada. Por eso, lo primero que debemos hacer consciente es que ni siquiera un enfado suave está justificado cuando uno está haciendo un trabajo personal de autoconocimiento y maduración para alcanzar el nivel de paz interior al que todos aspiramos de algún modo. Si nuestros padres, por su inconsciencia, armaron una bomba con nosotros, nuestro trabajo personal ha de consistir en desarmarla completamente. Esto no nos debilita, al contrario. Explotar nos debilita. El vivir desarmados, en cambio, será nuestra principal fortaleza, pues hará inservibles los escudos ajenos, pero también sus ataques.

Pero ahora pensemos que somos nosotros quienes perdemos el control, quienes ofendemos al otro a fin de castigarlo por algo muy molesto que se supone hizo, según nuestro criterio. Imaginemos que, como en ocasiones sucede, nuestro castigo resulta algo desproporcionado, por ejemplo: a la otra persona (sea pareja, amiga, hermano, padre, primo, etc.), se le olvida una cita importante con nosotros y nuestra reacción es reprocharle airadamente, llegando a faltarle el respeto. O bien, reaccionamos "implosivamente", reprimiendo nuestra rabia, pero decidiendo no ver más a esa persona. Pongamos otro ejemplo: la otra persona nos dice "bebes demasiado", "fumas demasiado", "hablas demasiado" o "ves demasiada TV", y nuestra reacción es decirle que es una egoísta, que solo piensa en ella, que no sabe ponerse en tu lugar, que no te merece, que no se meta en tu vida, que quién se ha creído que es y que se vaya a su casa. Estarán de acuerdo conmigo en que ambas serían reacciones desproporcionadas y algo descontroladas. Pues a veces sucede que la respuesta es más agresiva y llega a los insultos y los golpes. En cualquiera de los casos, esto ya es "anómalo" y posiblemente "patológico", teniendo su raíz en determinado trato y ejemplos recibidos en la infancia. ¿Se puede corregir? Por supuesto. Empezando por hacer consciente de dónde viene el problema y sanarlo desde ahí, aunque esté en la niñez. Lo bueno es que no hace falta la máquina del tiempo para sanar nuestra infancia. Esto lo veremos en breve.

## 4.2   LAS CUATRO ESQUINAS DEL RING

En mi primer libro cuento las conclusiones de una profunda investigación que realicé en convivencia con mi ex, un celoso patológico agresivo. En dicha relación indagué principalmente en su infancia, encontrando en ella cuatro circunstancias muy específicas que, por sí solas, podían explicar no solo su conducta adulta, sino y como pude comprobar con el paso de los años y el contacto con distintos afectados, la de innumerables personas con similar perfil, fueran hombres o mujeres.

### 4.2.1   La inseguridad afectiva traumática.

Que levante la mano quien tenga su seguridad afectiva intacta. Nadie o muy pocos lo harían, porque esta es la carencia más universal, lamentablemente. Sucede que los humanos nacemos cuando nuestro cerebro todavía cabe entre los huesos de la cadera de la madre, es decir, antes de estar plenamente desarrollado, por lo que es mucho más sensible que el cerebro, por ejemplo, de un bonobo, el simio más similar a nosotros y que nace con el cerebro más formado, ya que la cadera de su madre es más ancha y lo permite. Así y todo, el bebé bonobo vive pegado a su madre hasta los 5 años, con lo que puede presumir de una seguridad afectiva envidiable para cualquier humano promedio.

El bebé humano vive su edad más sensible entre los 0 y 4 años y si en esa primera infancia carece de los cuidados, cariños, masajes y atenciones positivas que el fortalecimiento de su autoestima requiere, empezará a desarrollar esa inseguridad afectiva que le hará preguntarse, inconscientemente "¿soy válido? ¿me quieren?". Pero si, además, en esos primeros años, el bebé recibe de su madre (o, en su ausencia, la persona que ocupe su rol) gritos, indiferencia, desprecios o, incluso, castigos desproporcionados, esta inseguridad afectiva se convertirá en traumática, pues vendrá asociada a un impacto emocional severo producido por recibir este trato inadecuado y de amor inconstante de la persona que para él es su Todo, su referente, su fuente de protección y "el amor de su vida", sea el bebé varón o mujer.

Esto no significa que la madre tenga siempre esta actitud agresiva o negligente, pues habitualmente nadie es así el 100% del tiempo. Pero basta con que un día le muestre amor y protección y a los pocos días le demuestre todo lo contrario, para que el niño o niña establezca esta rutina en su mente, en la que "el amor de su vida" va a traicionar este amor con relativa frecuencia. En la vida adulta, cuando cambie a la madre por el nuevo "amor de su vida", su cerebro incons-ciente trasladará también a ella esa sensación de que su amor va a ser traicionado en cualquier momento, sí o sí, pues es la dinámica a la que su mente se acostumbró. De aquí vienen los celos patológicos adultos o la desconfianza intermitente en el amor de tu pareja.

---

1º CONSEJO PARA PADRES Y EDUCADORES
Dale mucha atención al niño en su primera infancia: acarí-ciale, bésale, abrázale, hazle masajes, escúchale. Háblale con una voz suave y consuélale si llora. No pagues con él/ella tus tensiones. Préstale atención y dale un amor constante del que nunca dude. Él/ella no necesita tus regalos y juguetes, necesita tu tiempo y tu cariño.

---

## 4.2.2  El impulso de castigar lo malo

Aquí tenemos el quid de la cuestión, el punto neurálgico que da respuesta al porqué del conflicto agresivo, el interruptor, el detonante de ese ¿por qué te enojas? Veamos ¿están ustedes de acuerdo en que lo malo tiene que castigarse? Sé que la ma-yoría me diría que sí, aunque añadieran matices a su respuesta. Y es que en nuestra cultura tenemos interiorizado a fuego el convencimiento de que no hay mejor modo de disuadir al de-lincuente y hacer justicia que un buen castigo, ojalá equiva-lente al mal causado. Esto es lo que llamo "el criterio de casti-gar lo malo". Y si bien, hoy en día vivo cada vez más alejada de la confianza en el castigo como método ideal de corrección de conductas, sí considero que en los casos en que se aplique, debe hacerse CON CRITERIO. Es decir, con una intensidad y proporcionalidad equivalente a las intenciones del infractor y su grado de libertad consciente. Especialmente con los niños hay que tener sumo cuidado: debemos explicarles, con una actitud calmada, el motivo y fin del castigo, sin que los pequeños tengan asomo de duda alguno respecto al amor que su padre/madre les profesan.

El problema es que esto es casi una fantasía, porque normalmente, la fechoría por la que vamos a castigar al niño o niña nos ha disgustado y, por lo tanto, nos ha sacado de nuestra calma emocional. Ahí es cuando uno debiera contar hasta cien antes de aplicar el castigo. Pero si esto, por lo que sea, no se hace, lo que ocurre es que castigamos desde una posición emocional alterada e hiriente, sin mediar explicación y con ostensible desproporción respecto a la intención de los pequeños. Esto, pues, ya no es un criterio, es un IMPULSO de castigar lo malo. Y ojo, que el castigo puede ser la privación de un privilegio (¡te quedas sin juegos para todo el día!), un insulto, un desprecio o, incluso, una mirada de desaprobación fulminante, de esas que matan. Hay infinitas formas destructivas de castigar.

Si esta situación se produce con relativa frecuencia a lo largo de la infancia, la criatura aprenderá a castigar impulsivamente ante cualquier circunstancia que lo saque de su calma transitoria. Y será muy difícil corregirle esta conducta, cuanto más si es adulto, porque la costumbre vive afirmándose en su inconsciente desde su edad más sensible.

Y resulta que aquí está la clave de porqué, de adultos, sentimos que una reacción, conducta o trato directo que interpretamos como inadecuado, ofensivo o "malo" debe recibir su castigo correspondiente y tendemos a imponerlo sin aplicar el "criterio" de conversar y aclarar amistosamente la situación. Ejemplos groseros se dan en cualquier discusión de tráfico o en una cancha de fútbol cuando se frustran los deseos del hincha. Pero pongamos un ejemplo muy sutil: sucede que mi pareja me ha cortado la conversación al teléfono antes de lo que yo deseaba y lo interpreto como un desprecio, rechazo, desconsideración u ofensa indebida. En consecuencia y haciendo esta suposición sin aclaración previa, decido castigarla retirándole la palabra durante varios días o dejando de llamarla otros tantos. Esto sucede a personas teóricamente "sanas", sin embargo, bajo idénticos criterios, pero con diferencias en intensidad y formas de castigo, se da el maltrato en la pareja.

> **2º CONSEJO PARA PADRES Y EDUCADORES**
> Cuando el/la niño tenga un comportamiento perturbador, NUNCA le digas "eres malo/a". Explica las consecuencias indeseadas de su acto, dale opciones para repararlo y alternativas positivas de conducta. Felicítale por sus éxitos y progresos, suprime privilegios en lugar de castigarle. Insiste en que es bueno/a, que siempre puede hacer el bien y que confías en él/ella.

### 4.2.3 La ruptura de barreras psicológicas de no agresión

Ahora vamos a hablar de unas barreras psicológicas positivas que conservan algunas mentes afortunadas. Se trata de una barrera anti-maltrato, una que hace que te resulte inconcebible agredir a un ser querido. Estas barreras son innatas, pero las mantienen firmes las personas que nunca han visto este tipo de trato entre sus padres. Por lo tanto, no lo contemplan en sus futuras relaciones. Y hablamos de agresión tanto física como psicológica.

Entonces ¿qué sucede con los niños o niñas que se acostumbraron a ver a sus padres tratarse de malos modos? Su barrera se rompe y su mente concibe el tratar del mismo modo a su pareja. Para él/ella es normal. Y no importa que un libro, un amigo, una publicidad en la tele o, incluso, un curso intensivo te diga que maltratar a tu pareja es inaceptable. El ejemplo permanente de tus padres durante años desde tu edad más sensible es mucho más poderoso y manda sobre tu inconsciente que, finalmente, es quien dirige nuestra conducta cuando se está alterado.

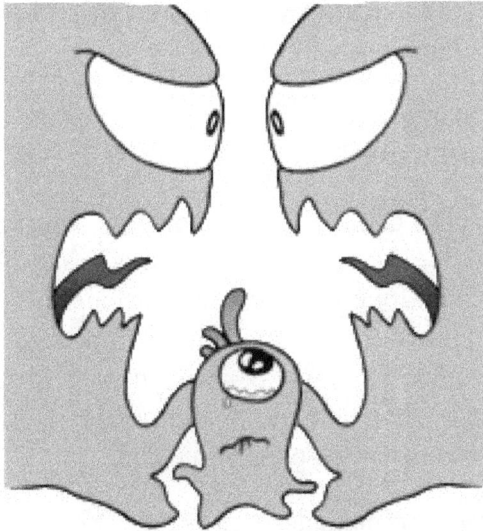

### 4.2.3.1 Casos particulares

Ahora veamos cómo asimilamos esto en función del tipo de ejemplo que observemos en casa:

**Caso 1)** Mi padre maltrata a mi madre y mi madre se somete al maltrato sin rebelarse. Nadie me explica por qué sucede eso. Consecuencia: Acabo interpretando que mi madre merece el maltrato y por eso se somete a él sin protesta. Con esta actitud, padre y madre refuerzan mi temprana creencia de que ese tipo de maltrato es aceptable e, incluso, justo y necesario.

**Caso 2)** Mi padre maltrata a mi madre y mi madre se rebela frente al maltrato, dejando claro que no lo acepta y le parece injusto. Aunque esto puede significar para la madre recibir un castigo mayor, el niño testigo de esta escena puede relativizar el rol del castigo y dudar de su conveniencia. Esto hace que su barrera esté agrietada, pero que pueda repararse y no tiene por qué acabar maltratando a su pareja.

**Caso 3)** Mi madre maltrata a mi padre y mi padre se somete sin protesta. Idem que en el Caso 1.

**Caso 4)** Mi madre maltrata a mi padre y mi padre se resiste y combate el maltrato:

- Si lo hace con el mismo tono y tipo de agresión, idem Caso 1 = mi barrera se destruirá e interiorizaré ese tipo de trato en mis futuras relaciones.
- Si mi padre lo hace con una resistencia pacífica, argumentando a su favor desde el respeto, idem Caso 2 = contemplaré dar o recibir maltrato, pero dispondré de recursos internos para rechazarlo.

### 4.2.3.2 Revertir el daño después de causarlo

Cuando, tras una lectura como esta, unos padres se han hecho conscientes de que existen barreras psicológicas positivas en los niños y que pueden destruirlas con su ejemplo, deberían adoptar esta costumbre: cada vez que protagonicen una escena de maltrato o castigo del uno contra el otro, no importa en qué grado -seamos realistas, si uno está acostumbrado a tratarse así, es difícil controlarlo de un día para otro-, una vez calmados los ánimos, deben escenificar con su pareja una instancia en donde pedirse perdón delante de los niños que vieron la anterior escena. Y si esto no fuera posible porque solo uno de los progenitores se hace consciente, es importante buscar al niño o niña y explicarle calmadamente que lo que ha visto no está bien, que no se puede tratar así a nadie, menos aún a quien amas, que ellos lo han hecho porque se han enojado mucho y han perdido el control, pero de ninguna manera aprueban eso y que él/ella personalmente le pide disculpas (al hijo/a) por no haber resuelto la discusión pacíficamente, cosa que procurará en adelante.

Esta reflexión con los hijos tras las discusiones destructivas con la pareja, podría incluso reparar el daño sufrido en su barrera positiva y permitirles construir relaciones sanas en el futuro.

---

**3º CONSEJO PARA PADRES Y EDUCADORES**

Evita discutir con tu pareja delante de tu hijo/a. Si no pudieras evitarlo, habla con él/ella después y le aclaras que ese trato no es adecuado y que lo hiciste sin querer, porque perdiste el control. Evita los gritos, los insultos y el chantaje emocional. Favorece un clima de diálogo pacífico y respetuoso.

---

### 4.2.4 La alta sensibilidad neurológica

No todos nacemos con la misma sensibilidad neurológica. Unos la tienen baja y les resbala todo, otros la tienen alta y viven con los nervios a flor de piel. Esto podríamos verlo más fácilmente en una familia con cuatro hijos. Cuando el padre/madre los reprende, individual o colectivamente, cada uno de ellos puede tener una reacción bien distinta. Uno se hace el sordo, otro protesta airado, otro patalea y el último se lamenta profundamente sentido, como si le hubieran sacado el corazón, llorando o sin llorar, pero con una patente tristeza. Pues bien, en este ejemplo, el último sería el hijo con mayor sensibilidad neurológica y esta circunstancia lo vuelve psicológicamente más vulnerable a un trato inadecuado, pudiendo ser, el mismo trato, mucho más destructivo con él/ella que con sus hermanos.

La sensibilidad neurológica se podría medir con un escáner de neuroimagen enfrentando al paciente a diversos estímulos, técnica que permitió el desarrollo de interesantes teorías sobre neurociencia afectiva, como las del conocido Dr. en Neuropsicología Richard Davidson. También se podría testear con una entrevista perspicaz. Sin embargo, a efectos prácticos, podemos intuirla haciendo un repaso mental de las personas de nuestra familia o círculo de amigos que han demostrado actitudes más inadaptadas, que han requerido ayuda psicológica o que han sido, en general, más difíciles de trato e, incluso, derechamente adictos o delincuentes. Recuerden a estas personas en su infancia, si tuvieron cierta cercanía, y visualicen si en las discusiones se mostraban excesivamente implicados, si se tomaban todo como algo personal, si eran apasionados tanto en lo bueno como en lo malo, si tenían reacciones imprevisibles, si eran especialmente miedosos, si se emocionaban con facilidad, si te captaban a la primera tu punto débil, si te lo podían dar todo como quitártelo según el humor con que se levantaran, si eran emocionalmente dependientes... ¿les suena? Todo esto es síntoma de un sistema neurológico sensible que, al mismo tiempo, tiene ventajas, pues permite a la persona ser más creativa, más observadora, más intuitiva, más perceptiva a lo sutil y más intensa en su capacidad de disfrutar.

Pero tengamos siempre presente esta cualidad a la hora de intentar comprender a una persona conflictiva, juzgando que quizá sus hermanos sean "normales". Porque a menudo tendemos a etiquetarlos aseverando que ellos han elegido ser "malos" y sus hermanos no, cuando en realidad, nadie elige ser desgraciado a propósito. Todo tiene un porqué. Aquí tenemos uno de ellos que, sumado a los tres anteriores sería germen de muchas personalidades agresivas y explicaría, en gran medida, por qué nos enojamos.

---

4º CONSEJO PARA PADRES Y EDUCADORES
Cada hijo/a tiene una sensibilidad neurológica distinta. Si alguno/a se afecta más ante situaciones tensas, aumenta la protección y la paciencia hacia él/ella. No trates a todos igual, pues una misma agresión puede ser indiferente para unos y muy destructiva para otros.

---

### 4.2.5  Cuadro resumen: El cuadrilátero del Origen de la Personalidad Maltratadora.

Este pack de cuatro condicionantes, tres educativos y uno biológico constituiría el "trauma" matriz generador de una presión negativa en la psique de muchas personas, una presión opuesta a nuestros instintos de supervivencia y adaptación, pues proyecta continuamente la sensación subconsciente de que no servimos, no valemos, que somos inferiores o peores que otras cosas y personas, que somos "malos", por tanto, que merecemos castigo y que somos susceptibles de abandono. Una presión que como la de cualquier olla al fuego, necesitará ser liberada.

## 4.3   ESTADO NORMAL Y ESTADO DE CRISIS

Sigamos observando, ahora con una mayor comprensión, a la persona que tildamos como "conflictiva". ¿Verdad que no lo es todo el tiempo? ¿Qué amistades o parejas tendría una persona permanentemente enojada? Esto nos invita a deducir que existen dos personas en un mismo individuo o, mejor, dos estados de ánimo que, sin complicarme mucho, decidí llamar Estado Normal y Estado de Crisis.

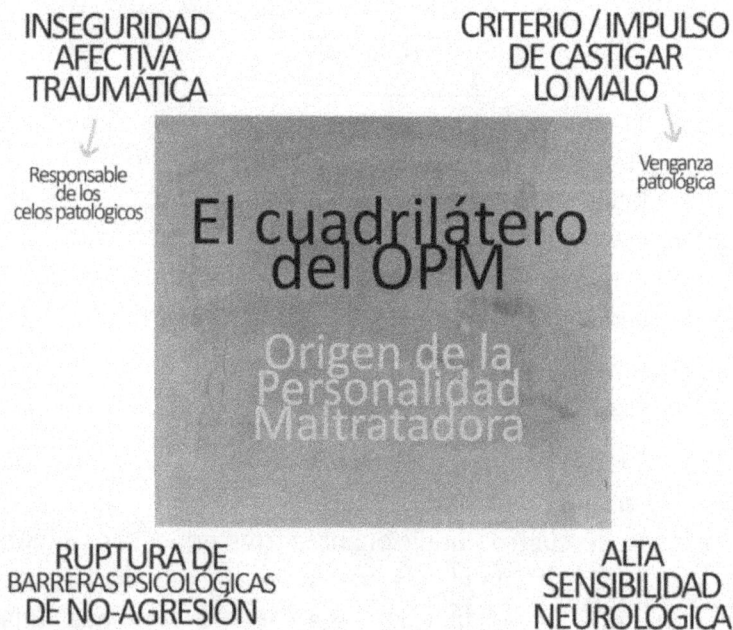

INSEGURIDAD
AFECTIVA
TRAUMÁTICA

Responsable
de los
celos patológicos

CRITERIO / IMPULSO
DE CASTIGAR
LO MALO

Venganza
patológica

El cuadrilátero
del OPM

Origen de la
Personalidad
Maltratadora

RUPTURA DE
BARRERAS PSICOLÓGICAS
DE NO-AGRESIÓN

ALTA
SENSIBILIDAD
NEUROLÓGICA

## 4.3.1   Una persona maravillosa... a veces

Llegados a este punto tendría que hablarles de lo que dio de sí mi relación con un celoso patológico agresivo. En mi primer libro la cuento con más detalle, por eso no me detengo en este, sin embargo, para quienes me leen por vez primera, les será útil conocer algunos detalles que enlazan con las conclusiones que propongo sobre la personalidad maltratadora.

Cuando me enamoré de aquel hombre, yo tenía 20 años y sabía que era un maltratador. Él mismo me lo había revelado en su autobiografía. Después de un año tratando, infructuosamente, de ayudarle en la distancia a encontrar terapias eficaces para su trastorno, sentí que debía investigar, en convivencia con él, la bendita terapia que liberase, por fin, al maravilloso hombre que aquella anomalía mental tenía encarcelado. ¿Maravilloso? se estarán preguntando. Pues a veces sí y a veces no. Esa es la cuestión.

Habiendo leído hasta aquí, podemos comprender que las cuatro esquinas del ring, como llamé al cuadrilátero de factores que engendran personas maltratadoras, experimentadas con la intensidad con que un niño o niña lo experimenta todo, pueden funcionar como un trauma afectivo: un impacto psicológico que, al no poder ser procesado y asimilado correctamente, su cerebro reprime en algún lugar del subconsciente, dada su ineficacia —la del trauma— para adaptarlo al mundo que lo acoge. Reprimida y todo, sigue siendo una información energética que genera presión en nuestra mente, pues no ha sido resuelta y es opuesta a la información positiva que también reside en el mismo espacio. Por lo tanto, cada vez que nuestro consciente se debilite, esta información hallará los atajos por donde salir y liberar algo de esa presión. Cuando dormimos es un buen momento.

Lo que ocurre es que cuando despertamos después de haber liberado en sueños la información del trauma que proviene de esos cuatro factores, la sensación de "no valgo nada" permanece en nosotros. El recuerdo de "voy a ser traicionado por el amor de mi vida", ha encontrado el camino para hacerse presente y el sentimiento de "todo lo malo tiene que castigarse" se intensifica con el paso de las horas.

Es así como hemos pasado del Estado Normal al Estado de Crisis. Puede ser a través del sueño o a través de un lapsus del consciente detonado por cualquier circunstancia durante el día como estrés, cansancio, enfermedad, etc., habría que observarlo en cada caso. En mi pareja sucedía siempre después de dormir por la noche e, incluso, si tenía un largo sueño por el día.

### 4.3.2 ¿Qué pasa en la mente durante el Estado de Crisis?

Pasa que el trauma ya no está reprimido, al revés, está desplegado, ocupando gran parte del "espacio mental" que antes ocupaba el lado sano y consciente. Ahora es cuando el tipo odioso y conflictivo se expresa, siendo, en realidad, el niño sensible y herido a quien nadie protegió adecuadamente, quien ahora vuelve enojado y vengativo, aplicando su impulso de castigar lo malo. Y lo hará, especialmente, contra la persona que representa el rol afectivo del "amor de su vida" que fue su madre en su edad más sensible y que unas veces lo amaba y otras lo despreciaba, ignoraba o abandonaba. Esa persona, cuando uno/a deja la casa familiar para formar una nueva familia, es la pareja. Y a ella trasladará su inconsciente la dinámica afectiva que tenía con su madre: hoy me quiere - mañana me traiciona. Aclaro que tanto para hombres como para mujeres, la dinámica de la relación con la madre en la primera infancia es la que proyectamos en la relación con nuestra pareja en la vida adulta, ya que entre los 0 y los 4 años, "el amor de tu vida" es la madre o, en su ausencia, la persona que ocupa su rol afectivo.

Sin embargo, cuando esta persona se encuentra en Estado Normal, la pareja, junto con el trabajo, la familia, los amigos, la casa, el auto, etc. conforman un paquete de elementos "externos" que refuerzan su autoestima y la mantienen en cierto equilibrio, suponiendo un plus a su autoestima natural. No así en Estado de Crisis, en que tienen un protagonismo vital en dicho equilibrio. Si la pareja decidiera abandonarle en ese momento, el celoso/a sentiría tal descalabro emocional, que la haría culpable, viéndola mala y operando mecánicamente su impulso de castigar lo malo.

Imaginen, pues, que, en Estado de Crisis, este afectado, en su fiebre castigadora, llega al extremo de matar a su pareja. Y que tras esta explosión de presión que había en la olla de su cabeza, el trauma se repliega de nuevo al subconsciente permitiendo a esta persona reconectarse con su lado consciente y racional. Entonces y solo entonces, es capaz de medir la desproporción de su acto y puede entrar en estado de shock. Si el shock es tan profundo como para volver a conectar con el subconsciente y dar salida de nuevo al trauma con su factor del impulso de castigar lo malo, a esta persona le espera probablemente el auto castigo en forma de suicidio. Porque ahora, definitivamente, el malo es él/ella. Y con este crimen, ha perdido además todos los factores que funcionaban de refuerzo a su autoestima, pues no los tendrá en la cárcel. La cárcel, de hecho, a los agresores de este perfil, les parece poco castigo. Por eso en este fenómeno no funciona como disuasivo el endurecimiento de penas.

# ESTADO NORMAL

ACTIVIDAD DEL TRAUMA 25%

AUTO-ESTIMA NATURAL 50%

AUTO-ESTIMA ARTIFICIAL 25%

Trabajo · Amigos · Casa · Aficiones · Premios · Vicios · Pareja

Elevadores artificiales de autoestima

LIMITE EQUILIBRIO 50%

# ESTADO DE CRISIS

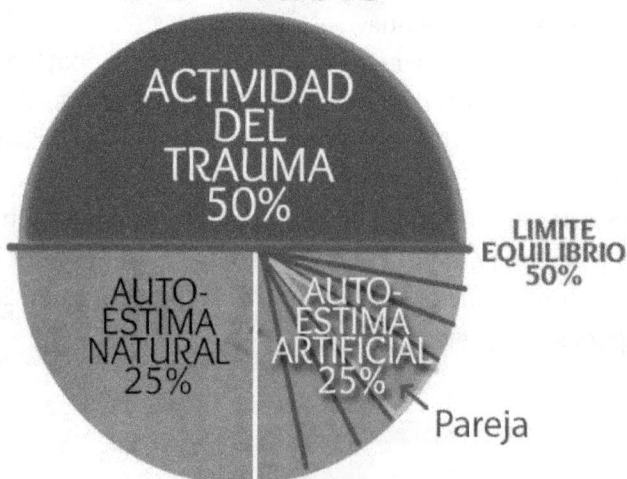

ACTIVIDAD DEL TRAUMA 50%

LIMITE EQUILIBRIO 50%

AUTO-ESTIMA NATURAL 25%

AUTO-ESTIMA ARTIFICIAL 25%

Pareja

Con el gráfico anterior ilustro, en porcentajes figurados, lo que sucedería con nuestra autoestima en Estado Normal y en Estado de Crisis. Si entendemos que hace falta un 50% de autoestima funcionando para no autodestruirnos, en Estado Normal sucedería que el Trauma estaría como replegado en el subconsciente, con una actividad aproximada de un 25% apareciendo solo en lapsus y gestos muy sutiles. La Autoestima Natural, que sería desarrollada cuando en nuestra infancia éramos bien-tratados y que nos ayuda a adaptarnos positivamente a nuestro entorno, estaría funcionando en un 50% y los Elevadores artificiales de autoestima (los llamo artificiales porque son factores externos a nosotros) como la pareja, el trabajo, el coche, la casa, los amigos, los premios, los vicios, los hobbies, etc. funcionarían como un plus o refuerzo a esta autoestima y en Estado Normal podrían ocupar un 25% del total de la actividad ejercida por los agentes pro-autoestima. Entre estos factores cabe observar que la pareja supondría uno de mayor importancia, por su protagonismo afectivo.

En Estado de Crisis, sucedería el despliegue del trauma y todo su poder destructor, empezando por las sensaciones de que "soy malo", "no valgo nada" y "todos quieren atacarme". En realidad, con ese temor, estoy aplicando automáticamente el impulso de castigar lo malo sobre mí mismo. Sin embargo, también ostentaré la tendencia instintiva a tratar de defenderme de esos castigos e, incluso, a adelantarme a ellos, castigando yo primero. Aquí nuestra autoestima permanece en un delicado y frágil equilibrio en el que los elevadores artificiales de autoestima ya no suponen un refuerzo o un plus, sino una necesidad vital para evitar la autodestrucción. Es por ello que si, en este estado, la pareja decide abandonar a este afectado, ambos se exponen a un pésimo desenlace, porque la autoestima bajaría del 50% mínimo para mantener el equilibrio. Y es por ello, que siempre sugiero a las personas maltratadas que, si desean dejar a su pareja, no lo hagan cuando esté en Crisis, sino cuando esté en Estado Normal. Y en ese caso (en Estado Normal), hacerlo sin advertirlo y sin demasiada explicación, porque en este estado, el afectado vuelve a ser sano y adorable, disfrutando de los recursos emocionales para convencerte de que te quedes... ¡y son muy convincentes! Pero si le dejas en Estado de Crisis son agresivos/as y vengativos/as, por lo que resultaría muy peligroso.

## 4.4   EL LADO OSCURO Y EL LADO LUMINOSO

Cuando me sumergí en la peligrosa tarea de investigar "a pie de campo" este trastorno, sabía que debía conocer todos los flancos que me fuera posible dilucidar, para que no me pillara por sorpresa ninguna reacción. Así fue como diseñé los Gráficos de Frecuencia de Crisis. Con ellos, pretendía conocer si las crisis tenían una frecuencia e intensidad determinadas cada mes y lo mismo con los estados de normalidad. El gráfico era simple: en el eje horizontal, los 30 días del mes, y en el vertical, los distintos estados de ánimo, desde la ira, abajo del todo, hasta la euforia, arriba. Los 7 meses en que se los realicé a mi ex pareja arrojaron una información bien interesante: Tenía alrededor de 3 crisis al mes en forma de cerro invertido, alternadas con estados de relajación y optimismo de mayor duración, en forma de meseta corta. El resultado era una línea en forma de escarpada cordillera o montaña rusa. Este gráfico, aparte de revelarme que, hiciera lo que yo hiciera, sí había una frecuencia determinada de crisis y que estas llegarían irremediablemente, también me hicieron observar que justo antes de cada crisis, lo único que había sucedido es que él había dormido, confirmando mi sospecha de que el detonante era inconsciente y onírico.

Esta relación duró casi 10 meses y con el paso de los años, tuve la oportunidad de invitar a afectados y parejas de afectados a realizar el mismo gráfico para conocer su frecuencia de crisis, descubriéndome un dato muy significativo: si bien mi ex pareja tenía unas 3 crisis al mes, había personas que tenían una crisis cada 3 meses, como le sucedía al marido de una consultante. Y esto, precisamente, hacía que ella viviera totalmente enganchada a sus encantos que, si bien no eran permanentes, ¡duraban 3 maravillosos meses! a cambio de una crisis que, siendo desconcertante y dolorosa, ella sentía que podía manejar.

¿Se imaginan, entonces, cómo sería el gráfico de frecuencia de crisis de una persona totalmente sana? Sí, ¡una línea recta en la parte superior! ¿Conocen a alguna persona así? Imagino que habrá monjes, místicos o ermitaños con ese perfil, pero la gran mayoría de seres humanos vivimos en nuestra particular montaña rusa.

En ella se manifiesta nuestro lado luminoso y nuestro lado oscuro. Lo útil es que la tomemos como referencia para saber que una línea cada vez más recta en la parte media superior, es síntoma de un mayor grado de madurez y equilibrio, con lo que seríamos capaces de una felicidad más estable.

En cuanto a la tendencia de crecimiento del trauma y de nuestro lado luminoso, planteo un gráfico bien simple, pero que muestra cómo, sin consciencia ni terapia, el problema es cada vez más grande y difícil de abordar, sin embargo, insisto, mientras hay vida, hay esperanza.

## Evolución de la disfunción cuando no hay consciencia ni terapia

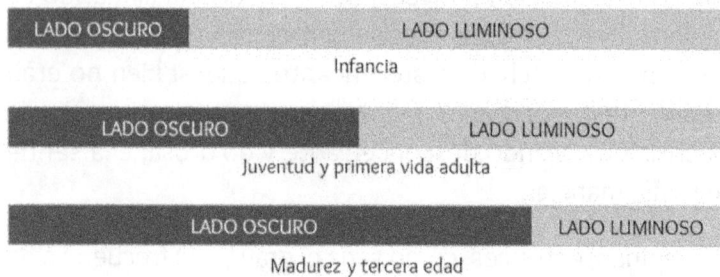

| LADO OSCURO | LADO LUMINOSO |
|---|---|

Infancia

| LADO OSCURO | LADO LUMINOSO |
|---|---|

Juventud y primera vida adulta

| LADO OSCURO | LADO LUMINOSO |
|---|---|

Madurez y tercera edad

*Lado oscuro = Herido, negativo, castigador, celoso, egoísta, inmaduro
* Lado luminoso = Sano, positivo, conciliador, confiado, generoso, maduro

## 5  ¿Y AHORA QUÉ HAGO CON ESTO?

Más de uno puede pensar tras leer todo lo anterior, que resolver el karma que le ha tocado con su familia y, por tanto, consigo mismo, es misión imposible. ¡Pero no se desanimen! Es conveniente considerar que todos nacemos con un lado luminoso activado y un lado oscuro potencial, cargado con el legado emocional de nuestros ancestros. Si nuestro entorno, durante la infancia, es hostil con nosotros, ese lado oscuro se activará e irá creciendo. Sin embargo, esto no es irreversible, dado que nuestro lado luminoso es mucho más poderoso. Prueben, de hecho, a encender la oscuridad en un cuarto luminoso. No se puede. Pero sí se puede encender la luz en un cuarto oscuro. Porque la luz es una fuerza activa y expansiva, mientas que la oscuridad, es pasiva e implosiva.

### 5.1  ¿QUIERES CAMBIAR?
Partamos de la pregunta clave: ¿realmente quieres "coger el toro por los cuernos", como decimos en España? ¿De verdad quieres hacerte cargo de lo que supone salir de tu zona de confort y disfrutar de un cambio para bien en tu vida, con las renuncias y andanzas que ello suponga? Porque de eso vamos a hablar ahora.

#### 5.1.1  Sal de tu zona de confort y haz que suceda la magia
Aunque nos cueste reconocerlo, toda situación conocida, por inconveniente que nos resulte a la larga, nos acomoda en cierto grado. Como vimos, también los niños y niñas maltratados activan un dispositivo mental de adaptación que los hace acostumbrarse a esa situación y, hasta cierto punto, reproducirla en sus relaciones futuras. Es lo normal. Es el lenguaje que entienden. Es su zona de confort.

El problema es que, a menudo, tu zona de confort no te procura las emociones de felicidad y satisfacción que todos anhelamos disfrutar del modo más permanente posible. Porque estar acostumbrado no significa estar adaptado a la desdicha y si no hacemos algo por nosotros mismos, podemos ahogarnos en la infelicidad sin darnos ni cuenta.

### 5.1.2 El síndrome de la rana hervida

Recuerden el experimento aquél en que hacían dos pruebas con una rana. En la primera ocasión, tenían un recipiente con agua hirviendo y echaron en él una rana. Al instante de tocar el agua, la rana saltó como un resorte fuera del balde. Pero en la siguiente prueba, pusieron a la rana dentro del recipiente con el agua fría y lo llevaron a una cocinilla para calentarla lentamente. La rana, aunque podía saltar afuera como antes, se fue acostumbrando al calor progresivo del agua y, finalmente, murió hervida. Se acostumbró, pero su cuerpo no se adaptó. ¿Y saben una cosa? Nuestro cuerpo nos da continuas señales de su desadaptación a determinadas circunstancias. La enfermedad es eso, es nuestro cuerpo diciendo: "¡Alerta, que me quemo, sácame de aquí!". Y nuestro apego a la costumbre nos hace ignorarlo, hasta que llega una enfermedad grave y morimos hervidos, como la rana.

Por eso la pregunta no es baladí. Querer cambiar implica primero hacerte consciente de que estás en una olla apunto de hervir y después sacudirte del calorcito al que te habías acostumbrado y estar dispuesto a saltar fuera, a un entorno que, por su contraste, te resultará helado al principio, pero al que tu cuerpo se habituará, como antes y, en esta ocasión, lo hará sin peligro para tu salud ni tu felicidad. Es más, en ese lugar es donde empezará a suceder toda la magia que te habías estado perdiendo, creyendo que no había nada fuera de tu minúsculo y confortable cubículo.

©Ilustración del artista Alonso Loncho Salazar para este libro

Si estás abierto a que suceda, frente a ti se irán presentando todas las posibilidades del universo. Quizá no frente a ti, literalmente, como en el cine, pero sí mediante señales, "casualidades" creadas y sincronías que, si te fías de ellas, te irán llevando de la mano hacia circunstancias más afortunadas que las que acabas de dejar atrás.

## 5.2 DESPACITO, PASITO A PASITO

De acuerdo, seamos realistas. Somos personas que acaban de reconocerse, quizá, como agresivas, celosas, posesivas, dependientes o vengativas patológicas. O bien, acabamos de comprender que lo es nuestra pareja. Ambas circunstancias significan un gran avance y un buen punto de partida para el cambio, pero ¿cómo pasamos de una realidad tan extrema en lo disfuncional, a una realidad tan extrema en lo saludable? Pues pasando, pasito a pasito, sin rendirse y con la confianza de que podemos hacerlo. Primero, porque no somos ni los primeros ni los últimos en experimentar cambios milagrosos, y segundo, porque somos un fractal energético de la fuente de donde todo parte, por lo tanto, con el mismo potencial creador, como vimos en el punto anterior. Igualmente, para no perdernos, propongo estos pasos:

### 5.2.1 Habla con tu niño interior

Una reveladora canalización de Marilyn Rafaelle nos presenta a nuestro niño interior de una forma coherente con todo lo que hemos explicado hasta ahora. Adjunto un resumen:

*"El niño interior es esa faceta inocente y confiable de ti que ha sido rechazada, desilusionada y herida. La mayoría cargamos algo, sino toda la energía de las heridas experimentadas en la conciencia infantil junto con las formas inmaduras con las cuales intentamos hacerles frente. En la edad adulta, esas energías se manifiestan como pensamientos y acciones inmaduros que surgen usualmente en tiempos de estrés. La mayoría ignoramos esos sentimientos, sin darnos cuenta de que estamos desestimando a nuestro niño interior como irrelevante y por lo tanto perpetuando la situación. El niño debe ser reconocido, aceptado, amado, guiado y protegido. Honra cualquier edad que tu niño interior pueda tener. Habla gentilmente a esa parte de ti mismo, diciéndole que desde ahora en adelante lo amarás, lo protegerás y lo reconocerás. El*

niño interior es el "tú" que sin motivo se siente herido, enojado, triste o deprimido. Sé paciente, sabiendo que, como todos los niños, tu niño lo está haciendo lo mejor que sabe. Al aprender a aceptar, escuchar y hablar a esta faceta de ti sin descartarla, ella madura – primero respondiendo como un niño, luego como un adolescente y finalmente, como un adulto–, pudiendo integrar finalmente este aspecto sanado."

©Ilustración del artista Leonardo Silva para este libro

Mireya Machí

Tu niño interior herido es una energía viva en ti. Es la energía de los impactos negativos que recibiste y que no se resolvieron, por lo tanto, esa energía permanece en tu interior y por eso puedes hablarle. Habla, pues, con tu niño interior. Reconoce su sufrimiento, recuerda los días en que fue abandonado o castigado y se sintió desolado. Explícale que sus papás lo hicieron lo mejor que supieron y dile que nunca más va a sentirse solo, porque tú le vas a amar y proteger siempre. Imagina su carita vuelta hacia arriba, mirándote con sus ojos bien abiertos y empañados, imagina cómo empieza a relajar su rostro y a calmarse mientras te escucha. Pregúntale cómo se siente y deja que te lo diga, que te hable de lo que le duele, lo que le falta y lo que desea. Escúchalo y, al tiempo en que le sigues diciendo que le amas y que tú le darás lo que necesita, visualiza cómo su tristeza empieza a transformarse en sorpresa e ilusión. Tu niño interior ya está esbozando una tímida sonrisa, reflejo de su sanación. Por primera vez siente que alguien le escucha, le atiende, considera lo que sufrió, lamenta su dolor y ansía traerlo de vuelta a la alegría del amor incondicional. Dile que venga a tus brazos y dale un fuertísimo abrazo. Fúndete con él en un confortable reencuentro, llora con él si lo sientes, por el tiempo en que no lo viste, en que lo negaste y dile de nuevo que te perdone, que ya pasó lo malo, que ya puede ser feliz, que ya nada le faltará porque que tú estarás siempre con él. Y entonces disfruta visualizando su risa y su alegría incontenible mientras rodea tu cuello con sus bracitos y aprieta su rostro contra el tuyo.

Tu niño interior necesita escuchar esto de ti. Cuando lo haga y te crea, cuando sienta que de verdad le consideras y le amas incondicionalmente, esa energía de dolor que alimenta tus crisis empezará a debilitarse y, si no te has sanado ya, tu punto de partida para hacerlo será mucho más ventajoso. Haz este ejercicio, eso sí, cada día, por ejemplo, al despertar o al acostarte: saluda a tu niño interior y recuérdale lo mucho que le consideras y le amas.

## 5.2.2 Gracias por asumir tu poder

El victimismo y las excusas son cosas del pasado. Llegó la hora de ordenar nuestra vida porque, como vimos, tenemos un rol muy activo en el diseño de las circunstancias que nos envuelven. Pero ahora vamos a pasar de hacerlo de manera inconsciente a hacerlo de manera consciente. Eso lo cambiará todo.

Comparto aquí una célebre conversación entre el Dr. Len, principal promotor de la técnica ancestral del Ho'oponopono y el Dr. Joe Vitale, acerca del nivel de responsabilidad que tenemos para cambiar el mundo. Así y bajo este título lo relata el Dr. Vitale:

*LA SANACION DEL MUNDO COMIENZA POR TI*

*"Hace unos años, escuché hablar de un terapeuta en Hawaii que curó un pabellón completo de pacientes criminales con serias patologías (locos) sin siquiera ver a ninguno de ellos. El psicólogo estudiaba la ficha del recluso y luego miraba dentro de sí mismo para ver cómo él (el psicólogo) había creado la enfermedad de esa persona. En la medida en que él mejoraba, el paciente mejoraba también.*

*La primera vez que escuché hablar de esta historia, pensé que era una leyenda urbana. ¿Cómo podía cualquiera curar a otro tratando de curarse a sí mismo? Y, ¿cómo podía, aunque fuera un verdadero maestro, con un gran poder de autocuración, sanar a criminales insanos? No tenía ningún sentido, no era lógico. De modo que descarté esta historia.*

*Sin embargo, la escuche nuevamente un año después. El terapeuta había usado un proceso de sanación hawaiano llamado "Ho'oponopono". Nunca había oído hablar de esta técnica, sin embargo, no podía dejar de pensar en esa historia. Si era totalmente cierta, yo tenía que saber más.*

*El terapeuta Hawaiano que sanó a esas personas mentalmente enfermas, el Dr. Ihaleakalá Hew Len, me enseñaría una nueva perspectiva acerca de lo que es la total responsabilidad. Probablemente hayamos hablado una hora en nuestra primera conversación telefónica. En ella me explicó que había trabajado en el Hospital Estatal de Hawaii durante cuatro años. El pabellón donde encerraban a los enfermos criminales era peligroso. Por regla general los psicólogos renunciaban al mes de trabajar allí. La mayor parte de los miembros del personal se enfermaban al poco tiempo o simplemente renunciaban. La gente que atravesaba el pabellón caminaba con sus espaldas contra la pared, temerosos de ser atacados por los pacientes. No era un lugar placentero para vivir, ni para trabajar, ni para visitar.*

*El Dr. Len me dijo que él nunca vio a los pacientes. Acordó tener una oficina y estudiar los historiales. Mientras miraba esos legajos, trabajaba sobre sí mismo. Y mientras lo hacía, los pacientes mejoraban. "Luego de unos pocos meses, a los que debían permanecer encadenados se les podía permitir que caminaran libremente" me dijo. "A otros, a quienes tenían que mantener permanentemente medicados, se les podía reducir las dosis. Y algunos, que no hubieran tenido jamás la posibilidad de ser liberados, fueron dados de alta". Yo estaba asombrado. "No solamente eso", continuó, "sino que el personal comenzó a disfrutar de su trabajo. El ausentismo y los cambios de personal disminuyeron drásticamente. Terminamos con más personal del que necesitábamos porque los pacientes eran liberados, pero todo el personal venía a trabajar. Hoy ese pabellón está cerrado."*

*Aquí es, lógicamente, donde le hice la pregunta del millón de dólares: "¿Qué estuvo haciendo usted consigo mismo que provocó el cambio en esas personas?"*

*"Simplemente estaba sanando la parte de mí que había creado sus enfermedades", dijo él. No entendí. El Dr. Len me explicó que la total responsabilidad se extiende a todo lo que está presente en tu vida, simplemente porque está en tu vida. Es tu responsabilidad en un sentido literal. Todo el mundo es tu creación. Sé que esto es difícil de aceptar, mucho menos de vivirlo realmente. Echarle a otro la culpa es mucho más fácil que asumir la total responsabilidad. Pero mientras hablaba con el Dr. Len, comencé a comprender que esta sanación tan particular, el Ho'oponopono, significa amarse plenamente a uno mismo. Si deseas mejorar tu vida, debes sanar tu vida. Si deseas curar a cualquiera, aún a un criminal mentalmente enfermo, lo haces curándote a ti mismo.*

*Le pregunté al Dr. Len cómo se curaba a sí mismo, qué era lo que hacía exactamente cuando miraba los legajos de los pacientes. "Simplemente decía 'Lo siento' y 'Te amo', una y otra vez" explicó él: "Lo siento... Te amo." "¿Solo eso?" "Solo eso. Resulta que amarte a ti mismo es la mejor forma de mejorarte a ti mismo. Y mientras te mejoras a ti mismo, mejoras tu mundo."*

Escuché que, en la antigua Lemuria, de quienes dicen, desciende el pueblo de Hawaii, había un saludo muy particular. Ellos no decían "hola" o "adiós", decían ESPAVO, que significa "gracias por asumir tu poder". ¿Cómo nos hacemos dignos de tal saludo? Haciéndonos cargo de nuestra vida y recuperando el poder que entregamos a las circunstancias, gratuitamente. Solo asúmelo, es tuyo. Ya nadie externo a ti te provocará nada, simplemente dirán algo que, probablemente, resuene con tus heridas internas. Pues dirígete a tus heridas internas y no a esa persona. Pregúntate ¿por qué me duele tanto esto? Y respóndete: Porque está resonando con una herida abierta en mi pasado que todavía no he sanado. Y entonces es hora de retomar la conversación con tu niño interior y hablar con él de esa herida para sanarla. Por eso, todo depende de ti.

Por otro lado, decir que somos poderosos no es un desliz fruto de mi soberbia. El mismo Jesús siempre nos lo recordaba en afirmaciones que a los propios intérpretes más ortodoxos de la Iglesia les costaba resignificar de algún modo más alineado con sus creencias desempoderantes, pero yo prefiero hacer una lectura literal en este caso:

*Jesús, les dijo:*
*"En verdad os digo que, si tenéis fe y no dudáis, si decís a este monte: "Quítate y échate al mar", así sucederá".*
Mateo, 21:21

*"El que cree en mí, las obras que yo hago él también las hará; y mayores que éstas".*
Juan, 14:12

No es casual que haya iniciado la 4ª edición de este libro con esa frase bíblica que afirma "Dioses sois". En línea con estas otras, simplemente nos recuerda que estamos hechos de la misma sustancia de la Fuente y que, por tanto, compartimos su capacidad creadora en nuestra dimensión. Para mí, eso significa "ser hijos de Dios": que, si fuéramos capaces de desafiar nuestras creencias limitantes y enfocarnos en realidades más benevolentes para nosotros, todo lo podríamos conseguir. Porque, como demuestra la técnica del Ho'oponopono, todo lo que nos afecta, lo podemos afectar y transformar.

## 5.2.3 La guitarra interior desafinada

Asistí una vez a un taller sobre cómo alinear nuestro cuerpo con nuestras emociones, impartido por un facilitador argentino llamado Gastón Bacchiani, practicante pránico. Él puso un ejemplo muy ilustrador sobre esto de la "resonancia" dándole otro matiz. Al igual que el ejemplo del piano, él explicaba lo que pasa con un par de guitarras colocadas a cierta distancia, en dos salas contiguas. Cuando se hacía sonar una cuerda en una guitarra, se observaba cómo la misma cuerda de la guitarra que estaba en la otra habitación, afinada en el mismo tono, empezaba a vibrar sin tocarla. Gastón explicó que nosotros, en la zona de nuestro chakra corazón, en el pecho, tenemos una especie de mástil de guitarra, cuyas cuerdas, si están desafinadas, resonarán con cualquier estímulo desafinado que nos llegue del exterior. Si otra persona desafinada nos trata mal, nuestras cuerdas desafinadas resonarán con eso y nos sentiremos afectados, descompensados o deprimidos por ese trato. Lo mismo si vemos noticias en televisión o sucede algún incidente, delito o accidente en el vecindario. Esos eventos son disonantes, inarmónicos y están desafinados. Pero si nuestras cuerdas están afinadas, podemos sentir compasión por esos eventos o esas personas que sufren o pretenden dañarnos, pero nunca resonaremos con su vibración, nunca nos sacarán de nuestro centro. Por eso es cierto que, si tú te afinas, si tú haces tu trabajo interior, tienes el control sobre tus emociones y, por tanto, de tu vida, influyendo a la vez en tu entorno.

Sin embargo, como seres inconscientes hemos estado creando realidades que no deseábamos porque, con nuestras cuerdas desafinadas, nos poníamos continuamente en la emoción del "desastre". ¿Cómo cambiamos esto? ¿Cómo nos afinamos?

## 5.2.4 Todo empieza con la palabra

La palabra articula el pensamiento y el pensamiento articula las emociones. Si nos observamos durante un día entero o pedimos a alguien que observe nuestro discurso y conversaciones durante un día, anotando las expresiones negativas que formulamos, nos sorprenderemos de cuán derrotista es nuestro discurso cotidiano.

La Programación Neurolingüística (PNL) es una disciplina psicológica que estudia los efectos que nuestro lenguaje, gestos y acciones tienen en nuestras emociones y, por tanto, en nuestro sistema nervioso central. Una siempre ha pensado que el lenguaje es el vehículo mecánico en que viajan nuestras emociones y pensamientos. Sin embargo, tanto la PNL como otras disciplinas psicológicas y el conocimiento de los pueblos originarios revelan que la palabra es lo primero y tiene una función mucho más protagónica de lo que pensábamos en la creación de nuestra realidad y hasta en el comportamiento de la materia, en la medida en que afecta a nuestra vibración. Es decir, que la palabra es el factor moldeador de nuestros pensamientos y éste, de nuestras emociones. Esto significa que no hay que cambiar la emoción para modificar nuestro lenguaje, cosa bien difícil, sino al revés: hay que controlar nuestras palabras para modificar y dirigir mejor nuestras emociones. ¡Esto lo facilita todo! Porque es mucho más sencillo hacerte cargo de las palabras que decides usar, a manejar una emoción y sus abstractas implicaciones.

No en vano, *los 4 acuerdos de la sabiduría tolteca*, un conocimiento valiosísimo con que esta nación ancestral de la zona de México dirigía positivamente sus relaciones humanas, contemplaba la palabra en primer lugar y como recoge el doctor de origen tolteca Miguel Ruiz en su libro, estos acuerdos decían así:

1) Sé impecable con tus palabras.
2) No te tomes nada personalmente.
3) No hagas suposiciones.
4) Haz siempre lo máximo y lo mejor que puedas.

Las palabras no son inocuas, tienen una carga energética determinada en función del uso que se les ha dado a lo largo de la historia y esa intención o energía ¡es acumulativa! Desde ahora, pues, empieza por detectar el uso que haces en tu vocabulario de palabras como: problema, mal, pésimo, terrible, imposible, lamentable, triste, cansado, deprimido, doloroso, contrario, lucha, esfuerzo, castigo, crónico, irremediable, terminal, angustia, estafa, calamidad, catástrofe, trabajo, error, fracaso, conspiración, mala suerte, desgracia, no puedo, nunca, contra, difícil, guerra, batalla, etc. No digo que las elimines, digo que observes cuántas veces las empleas, éstas y otras de connotación similar y cómo te hacen sentir. Seguramente te das cuenta de que hay un cúmulo de expresiones negativas en tu vocabulario cotidiano del que no eras consciente y que usas sistemática y mecánicamente, sin considerar que cada una de esas palabras contiene una vibración energética que incide directamente en tus emociones, haciendo de ti un imán de problemas, obstáculos y decepciones. Muchas de ellas contienen su vibración negativa en la palabra de la que provienen etimológicamente, como "trabajo", que viene del latín "*tripalium*" y que era un instrumento de tortura romano. Por ello, en lugar de *trabajo*, propongo usar *laburo, actividad, juego, oficio*. Y en lugar de *problema*, prefiero usar *desafío*.

¿Recuerdas qué imagen ocupa el centro del famoso relieve circular del calendario maya? Es un rostro que saca la lengua y esto se interpreta como un símbolo que reconoce el poder de la palabra como eje codificador de la realidad. Recuerda ahora con qué frases comenzó a escribirse la Biblia. El primer libro, el Génesis, habla de la Creación describiéndola así: "Y Dios dijo: hágase la luz... y la luz se hizo" o "Dios dijo: hágase tal cosa y tal cosa se hizo". Es decir, que Dios creaba después de usar su palabra, no su concentración, ni su mente, ni sus manos, ni su fuerza, ni su influencia... solo su palabra. Esto es una significativa clave para todos nosotros, hijos de Dios, carne de su carne, fractales de su luz o criaturas hechas a su imagen y semejanza, como podemos asumir simbólicamente. Por lo tanto, también para el libro sagrado más famoso de todos los tiempos, el principio de toda creación es la palabra, el logos, el verbo. Esto, que aparece en las antiguas escrituras, se olvidó tiempo después y tuvo que venir Jesús para recordarlo y añadir nuevas claves: "Una palabra tuya bastará para sanarme". Para mí, se refiere a una palabra de cada uno, nacida de nuestra naturaleza divina y expresada desde la emoción de estar disfrutando ya ese pedido, esa palabra es lo que bastará para sanarnos.

Nada es casualidad, todo responde a un orden cósmico natural. Y si los pueblos originarios, los libros sagrados, la programación neurolingüística y las terapias cuánticas destacan que creamos realidad con nuestras palabras, ¿por qué no probamos a hablar de otro modo para ver si efectivamente, creamos otras cosas?

Además de hablar con consciencia y consecuencia, tratando de pensar las palabras que vamos a utilizar y eligiendo las más positivas, a partir de ahora, cuando vayas a recriminar a alguien que hizo algo mal, prueba a decírselo así: "Sería estupendo que... esto resultase de este otro modo". Como indica la terapeuta y orientadora chilena Beatriz Cueto, nos iría mucho mejor si las frases en que solemos criticar o criticarnos, o corregir, o exigir imperativamente, etc. las empezásemos con la formulación mágica: **"Sería estupendo que..."** ¡Haz la prueba y observa cómo cambia tu realidad para bien!

Y por supuesto, asume los otros acuerdos toltecas, especialmente los de **"No te tomes nada personalmente"** y **"No hagas suposiciones"**. Piensa siempre que nada es personal. Incluso cuando alguien te insulta directamente, lo hace porque se encuentra mal, porque tiene un "infarto de enfado" como diría otro de mis mentores, Emilio Carrillo. Nadie en su sano juicio se dedica a insultar, maltratar o agredir a otra persona sin provocación. Por tanto, no va contigo, no pierdas tu centro por ello, no resuenes con ello. Solo **usa el Ho'oponopono** y como el Dr. Len reza "Lo siento" y "Te amo". ¿A quién? ¡A ti mismo! A la parte de ti que no se quiere y ha generado una realidad externa que confirma y refleja tu falta de amor propio. Por otro lado, lo de no hacer suposiciones es igual de importante. Y esto señala directamente a nuestro ego. Porque todos nos sentimos muy "listos" para interpretar los gestos y palabras de los demás que resultan ambiguos. Y, además, tendemos a darles la interpretación más negativa, la que nos deja en peor lugar. Y todo por no preguntar, humildemente. No supongas. Y si no puedes preguntar y has de suponer, haz la suposición que te deje en mejor lugar, la que te dé mayor paz.

### 5.2.5 Cambiar el pasado con la mente

Como afirma la ciencia, el tiempo y el espacio no existen en realidad, no son valores objetivos, sino que son construcciones de nuestra conciencia para ordenar linealmente los eventos de nuestra vida. De hecho, Einstein demostró que tanto el tiempo como el espacio son diferentes para cada persona que lo percibe. Lo único que existe es un continuo presente. Por tanto, todo, el pasado y el futuro, sigue siendo presente en otras líneas de tiempo. Eso significa que, si pudiéramos acceder a esas líneas, podríamos cambiar ciertos eventos ya sucedidos. Y resulta que se puede. El *experimento de la doble rendija* nos demostró, científicamente, que existen esas líneas de tiempo sucediendo a la vez en distintos planos dimensionales cuánticos (no visibles) y que solo se muestra ante nuestros ojos, aquella posibilidad, aquella línea en la que nos enfocamos. Por tanto, en un ejercicio de relajación y visualización, puedes ignorar el recuerdo negativo o cambiarlo por uno nuevo. No es necesario olvidar ese recuerdo, porque tu pasado es la base para tus sombras inconscientes y *lo que reprimes surge más adelante como destino* (C.S. Jung). Además, de una u otra forma, eres la consecuencia de tus acciones pasadas. Se trata de entender en lo posible la situación a cambiar, pudiendo abordarla usando el trabajo de sombras: pasó algo y lo aceptas como aprendizaje, pero no permites que empañe tu presente. El trabajo de sombras es enfrentarse a ese pasado con valentía y madurez, aunque nos duela recordar el evento negativo. Después, sabiendo que también se dieron otras posibilidades en otras líneas de tiempo, pensamos en cómo debieron haber sido las cosas, cómo hubieran sido más benevolentes para mí. Entonces tomamos el pasado alterno más simple posible (porque el inconsciente es simple) y reemplazamos el evento traumático con uno neutral o positivo creíble. Una vez elegido, recordamos por repetición dicho evento alterno positivo volviéndolo nuestro. Con la repetición comenzamos a asociar la fecha y el contexto con la memoria nueva y no con el evento negativo. Parece una memoria falsa implantada y que estás entrando en negación. Pero no es así, no es falso, pues el pasado no está ya, solo eres lo que eres hoy, y tus memorias, las que sean, son verídicas para ti, dado que sí sucedieron en otra línea de tiempo. Asumido tu ejercicio, no entres en lucha con las memorias de otras personas que validarán solo la parte que ellos recuerdan. Como ya has hecho trabajo de sombras, aceptas que los demás recuerden esa parte, pero tú ya provienes de un futuro alterno diseñado por ti. Sabes que lo negativo te sucedió, pero también que no solo eso te sucedió, sino que hay una cantidad infinita de variables de ese mismo evento y tú escoges ver y venir de un evento alterno positivo, porque como todo ya es, solo estás jalando una memoria alterna de ese campo cuántico de tu vida. Insisto, no es una memoria falsa implantada por ti usando imaginación vacía, lo que haces es tomar una parte de tu otro yo, de tu otra línea de tiempo y la pones en tu línea presente. Lo que piensas ES, porque la imaginación no crea nada, solo jala lo que está en otra línea. Eres multidimensional. Y los demás que recuerden lo que quieran, eso también es válido, pero tú no tienes por qué vivir en ese mal recuerdo.

El trabajo de sombras ha de ser extremo, para estar conforme con el pasado molesto, sin negarlo. Lo eres todo, pero tú escoges qué percibir, qué recrear, qué vivir. Lo puedes aceptar o escoger otras memorias, tú decides. Tú debes tener el control siempre. Solo alteras TU pasado, no el de los demás. Nadie puede dar este salto por alguien más, es un trabajo individual. Tu percepción puede filtrar el comportamiento de los demás y los verías con nuevos ojos, pero eso solo te cambia a ti. Todo es percepción, no hay realidad dura objetiva. Este ejercicio sirve para liberarse de pensamientos asociados al suceso negativo. Y si te cuesta hacerlo en estado consciente, esto de insertar una memoria en tu línea presente también se puede hacer con hipnosis, con la asistencia adecuada, a quien puedes mostrarle esta propuesta y que diseñe la sesión para ti con ese objetivo.

### 5.2.6 El cubo
Esta es una herramienta para parejas que conviven, una idea con que mantener mejor higiene mental, facilitar la resolución

de conflictos y prolongar la relación en el tiempo. Se trata de procurarse un espacio personal apartado de los espacios comunes. Yo lo llamo "el cubo", porque no es necesario algo grande, basta una cabañita de 2x2 con lo básico para retirarse por unas horas e, incluso unos dos o tres días. Esto es muy saludable cuando sentimos perder nuestro centro, la voz de nuestro niño interior y la búsqueda de nuestros sueños personales por estar demasiado pendientes del otro, su energía, sus proyectos y sus expectativas. Pero también cuando se dan discusiones donde nos cuesta mantener la calma y tememos decir algo inconveniente. Solo retírate a tu cubo, respira, medita, escribe, llora, canta, grita, pinta, ayuna, come, duerme y todo irá mejor después.

### 5.2.7   Marco ritual sagrado

Una herramienta interesante que aprendí del artista y terapeuta español Víctor Brossah es la de **crear marcos rituales sagrados**. Esto se hace en plena crisis de enojo y les comparto mi propuesta inspirada por él:

Cuando estás enojado/a y no quieres volcar tu rabia contra ningún ser vivo de tu entorno, lo ideal es abrir un marco ritual sagrado, esto es, un espacio elegido por ti y marcado visualmente como el espacio donde vas a expresar tu rabia sin dañar a nadie, por un tiempo determinado. Si estás en el trabajo, puede ser en el baño. Si estás en casa, puede ser en tu habitación. Usa un cuaderno, si no puedes gritar y expresa todo lo que sientes, toda esa rabia, con las palabras que te surjan. Es más, exagérala, dramatízala, conviértete en el actor o actriz más histriónico que conozcas y no te reserves nada. Si no te salen palabras, dibuja, haz rayas y mamarrachos rabiosos en ese cuaderno, arranca sus hojas una a una y arrúgalas sin piedad. Y después de expresar tu rabia, permítete compadecerte de ti mismo, llorar desconsoladamente, abrazarte, darte mimos y caricias en la cabeza. Ahí puedes sentirte la mayor víctima de la historia, como en el peor de los holocaustos y sentir pena por ti, sin complejos ni reservas. Aunque suene muy loco, tienes permiso, estás en un marco ritual sagrado donde todo vale. Cuanto más exagerado seas en tu expresión, más sanador resultará el ritual. Asegúrate de terminarlo, eso sí, dándote el consuelo que tus heridas requieren, acaríciate, masajéate y llora de emoción en tus propios brazos, sabiendo que nadie es más importante que tú para ti mismo. Cumplido el tiempo que te diste, enjugando tus lágrimas, recomponiendo tu postura y rearmada tu autoestima, recoge o arranca las hojas de ese cuaderno si escribiste algo doloroso en él, hazlas tiras, arrójalas al WC o a un pequeño fuego y les dices "adiós, soy libre y asumo mi poder", mientras las ves perderse por el desagüe o hacerse humo. Después das las gracias a tu ser superior por permitirte expresar estas emociones sin dañar a nadie y cierras tu marco ritual sagrado haciendo con el dedo el símbolo de una equis, a modo de clausura, en el suelo que pisaste o en la puerta que cerraste.

Desde este ejercicio, tu emoción debe ser distinta y alejada de la rabia y el deseo de dañar a alguien. Porque ¿sabes qué es la rabia? Es como tomarse un vaso lleno de veneno y esperar que se muera el otro. La rabia solo enferma a quien la siente: a tus células. Por eso, sácala... pero en un marco ritual sagrado.

### 5.2.8 Buscar ayuda y alejar personas tóxicas

Nadie escapa a la ley universal por la que atraemos a nuestra vida experiencias y situaciones compatibles con nuestras palabras-pensamientos-emociones, lo hagamos a conciencia o no. Por lo tanto, lo que acabo de decir funciona en toda persona, con independencia de la gravedad de sus síntomas. Ahora bien, si nos encontramos ante un agresor/a de pareja, hay que excavar más profundo, donde existe un trauma emocional contraído en la infancia y fortalecido después por un entorno, seguramente, poco favorable a su resolución. Esto significa, únicamente, que hay que buscar ayuda, un apoyo psicoterapéutico o un coach integral y holístico.

Sin embargo, también en esos casos debemos asumir nuestro poder para hacer algo al respecto. Y este poder podemos orientarlo, primero **alejándonos de las personas que suponen una mala influencia en nuestra recién estrenada concepción positiva de la realidad.** Esta concepción no significa, ojo, que vamos a negar nuestra oscuridad, sino que vamos a ponerle una buena linterna encima, para empezar a limpiar donde está sucio. Lo importante es tener la determinación de emplear herramientas luminosas, apartadas de la crítica, la culpabilidad o el victimismo. Alejarnos, pues, de quienes viven alimentando la desesperanza en sus palabras y actitudes resultará muy conveniente.

# 6  GUÍA PARA MOVIMIENTOS POR LA IGUALDAD

## 6.1  LA EQUIDAD, LA CONCILIACIÓN Y LO FEMENINO

De nuevo debemos hablar de las palabras, ya que durante muchos años se ha considerado que una de las aspiraciones a alcanzar como sociedad madura y desarrollada es la "igualdad" de oportunidades, derechos y deberes entre géneros. Sin embargo, han surgido voces que proponen usar la palabra "equidad" en su lugar, dado que este concepto incorpora el incontestable hecho de que somos diferentes, no solo los géneros a nivel biológico y psicológico, sino todas las personas y que, por tanto, en función de nuestras condiciones y necesidades particulares, así ha de ser el trato que recibamos por parte del aparato institucional, político y social.

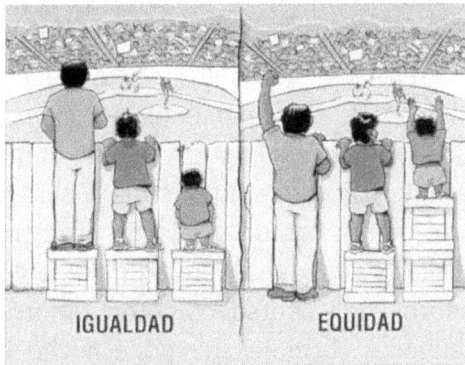

IGUALDAD                    EQUIDAD

Y es cierto, somos diferentes, sin embargo, en la discusión sobre el distinto trato por género no puede haber normas cerradas, por lo que debiéramos seguir usando ambos conceptos en función del objetivo para el que se argumente cualquier medida. Por ejemplo, la equidad (que considera las diferencias), aplicaría para los deportes, los baños públicos o las cárceles, pues las diferencias biológicas entre géneros aconsejan esta disgregación. También se aplica la equidad, no sin polémica, para la custodia de los hijos en caso de separación, asignándose generalmente a la madre. En mi opinión y precisamente porque somos distintos y la necesidad biológica que el bebé tiene de la madre es mucho mayor en sus primeros años, esto se justifica en la etapa inicial de los hijos, siempre y cuando ambos progenitores demuestren un equilibrio psicológico similar. Siendo padre y madre emocionalmente sanos (dentro de unos márgenes), después de, aproximadamente, los cuatro primeros años, la custodia compartida sería lo ideal, atendiendo adecuadamente las necesidades y confort del hijo/a, y aplicando, por tanto, desde ese momento, el criterio igualitario. Y en mi opinión, a partir de los doce años, el hijo o hija debiera decidir si prefiere vivir en una sola casa, sin dejar de ver al otro progenitor.

Si hablamos de oportunidades, derechos, obligaciones y responsabilidades ANTE LA LEY, hombre y mujer debiéramos recibir un trato igualitario, no equitativo. La equidad se considera ante la ley frente a dos personas, por ejemplo, con distintos ingresos (en caso de impuestos o de atención sanitaria) o con distinta capacidad intelectual. Como sabemos, si un delincuente demuestra un grado de deficiencia mental, este factor atenúa su condena. Pero si un hombre y una mujer intelectualmente equivalentes cometen un mismo delito, aplicar un atenuante a la mujer solo por el hecho de ser mujer, implicaría un trato discriminatorio inaceptable, pues sería considerarla como deficiente mental.

No obstante, sabemos que, a raíz de tremendos episodios de violencia hacia la mujer en distintas partes del mundo, se han implementado leyes de discriminación en países, como, por ejemplo, España, que castigan con más severidad a un hombre que a una mujer ante un mismo delito de violencia de pareja (Ley Orgánica 1/2004). Y, además, a este sacrificio constitucional se lo llamó discriminación "positiva". Esto se hizo por penalizar el machismo que aseguran implícito en cualquier agresión de un hombre a una mujer, sin estudiar ninguna otra variable. Pero como ahora hemos comprendido, si la agresión se produce por celos, no es el machismo el inductor y, por tanto, ambos géneros debieran recibir un trato penal igualitario. Tengamos cuidado con la injusticia y el machismo encubierto tras ese mensaje de que "nuestra mayor debilidad biológica hace menos imputable una agresión que en realidad ha sido propinada con idéntica intención", porque no disuade al infractor y sin embargo azuza el fuego de la batalla entre géneros, además de enviar un mensaje contradictorio a las nuevas generaciones sobre lo inaceptable de la violencia en cualquier dirección. Lo que debiéramos defender son medidas que estimulen el respeto entre todas las personas.

Para evitar el enfrentamiento, la división, las desconfianzas, los rencores y las irracionales guerras que estas medidas provocan, inventemos iniciativas constructivas hacia el rumbo que se nos pide tomar en este cambio de era y nuevo estado de conciencia que todos sentimos está llegando, para disfrutar de una sociedad más equilibrada y armónica.

Teniendo todo esto en cuenta, desde ahora usaré con mayor propiedad las palabras "igualdad" y "equidad" dentro del contexto de reflexión y propuestas que quiero hacer en este capítulo. Así pues, tras tantos años de intervenciones pro-igualdad, estamos en un tiempo en que disfrutamos precisamente de eso: una considerable igualdad de derechos entre géneros en distintos ámbitos de la sociedad, ejemplificada en la presencia cada vez mayor de la mujer en cargos antaño impensados. Sin embargo, no en todos, ni en todas las culturas, ni en todos los estamentos, ni en todas las empresas sucede lo mismo. Obviamente, los méritos del progresivo cambio de una sociedad patriarcal y machista hacia una con este nivel de igualdad se los debemos al trabajo de muchas personas, agrupaciones e iniciativas vinculadas o no al movimiento feminista, pero sí plenamente comprometidas en lograr que ambos géneros tuviésemos las mismas oportunidades de acceso y trato en distintos contextos. La tarea que hoy en día se sigue haciendo en esa dirección tiene sentido en la medida en que se dirija específicamente a denunciar y corregir a las instituciones, empresas, personas o grupos que mantienen costumbres discriminatorias evidentes. Sin duda, queda mucho por hacer, pero es hora de celebrar y no minimizar lo conseguido, inaugurando nuevas formas de articular el objetivo mano a mano con el varón.

El feminismo histórico que levantó la balanza de la dignidad femenina al nivel en que se consideraba socialmente la masculina, gracias a los positivos frutos que dio, debiera premiarse con una orientación más igualitaria de su quehacer, alentando, por ejemplo, actividades y eventos mixtos que ejemplifiquen y potencien los avances ya logrados. Salvando las iniciativas de índole terapéutico, podemos dejar progresivamente de disgregarnos en agrupaciones, eventos y proyectos socioculturales "solo de mujeres", "solo de hombres", "solo de gays", etc., e integrarnos a todos en ellos para que asimilemos al mismo tiempo esta nueva realidad CONCILIADA de la que todos debemos hacernos responsables sin ambigüedades. Esa es la única forma de normalizar la diversidad que nos caracteriza, no protegiendo a unos grupos en desmedro de otros, no entregándoles ventajas extraordinarias respecto a otros, no exaltándolos mientras ninguneamos al resto. Se trata de lo contrario, simplemente de integrarnos a todos dentro de la misma cotidianidad. Nadie es más que nadie. Y para ocupar cualquier cargo, la idoneidad se demuestra con capacidades y no con la condición sexual.

Meditemos, en primer lugar, si tras la valiente y necesaria lucha feminista, cuya labor de sensibilización ha resultado en sociedades mucho más comprometidas con la igualdad de derechos, debiéramos dar paso, paulatinamente, a una era en que enarbolemos mensajes unificados de rechazo a la violencia, cualquiera que sea su ejecutor, hombre, mujer, familia, empresa, iglesia o estado. Una era donde no sean necesarias leyes discriminatorias por género, desde un estado acostumbrado a robarnos nuestro genuino poder, sino que todos, en función de nuestro potencial y talento, tengamos las facilidades de acceso a cualquier actividad donde seamos competentes y nos sintamos plenos, asumiendo además las responsabilidades éticas vinculadas a las relaciones sociales y personales, con independencia de nuestro género.

Otra realidad a tener muy en cuenta, desde la compasión, la consecuencia, el reconocimiento de nuestra dualidad natural y por supuesto, desde un igualitarismo 100% coherente al que me adhiero, es la necesidad de asistencia que tienen las mujeres que reconocen padecer de impulsos castigadores hacia sus parejas, generalmente por celos o venganza patológica. Si lo piensan bien, la iniciativa realmente evolucionada es ayudar a reconocerse y atender a todas las personas (mujeres o varones) que admitan su dificultad para controlar sus impulsos agresivos. Esa es la mejor forma de prevenir. Y desde ahí podemos avanzar.

Además, y como contundente motivo de CONCILIACIÓN, ya se sabe que, psicológica y energéticamente, todos tenemos un lado femenino y un lado masculino, de modo que no es la mujer la que ha sido desplazada de ocupar su lugar en la historia de los últimos milenios, ha sido LO FEMENINO en ambos géneros, siendo ésta una pretensión muy antigua que se reforzó paulatinamente para anestesiar nuestro lado sensible y contemplativo a fin de volvernos más consumistas e impulsivos. Ello, junto a la exigencia implícita en el enfoque patriarcal de que el varón debía ser el sustento del hogar y principal generador de ingresos, sin posibilidad de cuestionarlo, obligó a los hombres a mostrar una desconexión emocional y rudeza extrema que tampoco le eran naturales. Es tiempo, pues, de despertar y acoger el lado femenino de la mujer, pero también el de nuestro compañero varón en la Tierra y el de todas las personas con nuestras diferencias, porque juntos seremos, sin duda, más capaces de lograr cualquier meta por el bienestar colectivo.

## 6.2  ¿HASTA CUÁNDO ES NECESARIO LUCHAR?

La lucha es necesaria y puede resultar efectiva, cuando hay un enemigo común organizado, específico e identificado. Si no lo hay, si el opositor es invisible o demasiado abstracto, quien acabará derrotado será el propio luchador. La acción de lucha debiera ser un acto puntual en momentos justificados o por causas urgentes –una guerra, por ejemplo–, pero no un estado de vida permanente. ¡Eso es agotador! Sin embargo, hay personas que se han instalado en la lucha perpetua "contra algo" como si esa lucha fuera una cómoda silla o como si determinada realidad se sostuviera en equilibrio gracias a su lucha incondicional. Temen, incluso, que si adoptan la posición de descanso, como hacen incluso en el ejército, van a decepcionar a alguien o van a dejar derrumbarse una fortaleza.

### 6.2.1  ¿Quién tiene el poder?

En primer lugar, entendamos filosóficamente lo que significa luchar en el contexto social: significa que estás en una desventaja injusta a la que te resistes. Significa que alguien ostenta un poder con el que te somete y castiga sin que puedas evitarlo. Significa, en definitiva, que eres víctima de unas circunstancias que no puedes cambiar, pero que aspiras a hacerlo mediante un estado personal de lucha feroz y sin tregua respecto a ese enemigo externo, teóricamente más fuerte que tú. Lo que esto implica, si recuerdan lo reflexionado hasta ahora, es que NO seríamos creadores/as de nuestra realidad particular, que no seríamos espiritualmente libres, que no seríamos dueños de nuestras emociones y de nuestra perspectiva y que nuestra paz interior siempre va a depender de lo que otros hagan o dejen de hacer. Pero también significa que, de seguir así, aunque mi mente diga "no importa, es lo correcto", mi cuerpo reventará de agotamiento y frustración, mártir por la causa. ¿Creen que desde tal conflicto interno resolveremos algo?

Como sabemos, en este mundo, un pequeño porcentaje de individuos ostenta el poder, pero lo ostentan en la medida en que el resto nos sometemos a sus leyes y decretos, es decir, en la medida en que nos creemos que nuestro sustento depende de ellos. Sin embargo, es precisamente al revés. Esta élite lo ha planeado todo para que la gran mayoría trabaje para ellos y se sometan temerosamente a sus leyes creyendo que los necesitamos. Cuando, en realidad, bastaría con hacernos conscientes de nuestro poder para que, medianamente organizados, desmontásemos su tinglado explotador desde una vida en coherencia con nuestros ideales, autosuficiente, alegre y relajada.

Muchos "ismos" nacieron de la constatación de que había una fuerza subyugadora superior que nos requería más unidos y organizados para combatirla. Y está bien. Tuvieron un detonante justificado. Pero ¿y si como fruto de los avances logrados por las luchas del pasado, el enemigo se diluye y solo quedan expresiones aisladas de su opresión, como coletazos de un pez moribundo? ¿No sería más inteligente un ataque o corrección quirúrgica del foco resistente, antes que mantener un ejército mundial en constante entrenamiento y alerta? A esa evolución me sumo. Y corregiré cada amago machista que se cruce en mi camino, venga de un hombre o venga de una madre que lo inculca a sus hijos por inercia. Lo haré con amor, con humor y con determinación, tratando de volver a ese foco, un nuevo amigo de mi causa. Pero no quiero vivir luchando eternamente.

El hecho de renunciar a un estado de lucha permanente, no significa que me someto a los abusos del sistema. Al contrario, significa que rechazo esos abusos, pero desde la conciencia de que EL PODER LO TENGO YO. Es decir, que abogo por la concienciación sobre esta realidad, por la expansión de este convencimiento de que, en la medida en que sepamos que somos más y que ellos nos necesitan, comprenderemos que podemos reventar las injustas estructuras que sostienen la esclavitud en que vivimos inmersos sin darnos cuenta. La cuestión es hacerlo desde el optimismo y la esperanza, no desde la impotencia y la rabia. Porque, como revelamos en gran parte de este libro, las emociones crean nuestra realidad y atraen más de lo mismo. Si mi lucha es desde la rabia y la impotencia, genero un magnetismo que atrae más situaciones compatibles con esa emoción: injusticia, abuso, dificultades, enfermedad, etc. La propia palabra "lucha", tiene una connotación belicosa y aguerrida que inspira rabia. Y para justificar esa rabia, has de recordar motivos que te la despierten y, por tanto, atraerlos. Y resulta que... ¡todos son motivos de victimización e impotencia!

### 6.2.2 Una empoderada disidencia
Por eso rechazo vivir en estado de lucha. Prefiero la palabra "disidencia" (distanciamiento por disconformidad respecto a

determinada doctrina), y quiero adoptarla desde la alegría, la paz y el amor. ¿Amor? ¿Cómo vas a sentir amor pensando en los cretinos que nos maltratan? Porque no es necesariamente amor hacia ellos que ni siquiera los conozco. Es amor a la parte de mí y de nuestra conciencia colectiva que ha permitido crear esa oscuridad en el mundo y, además, entregarle mi poder. Es amor a la parte de mí que he descuidado y se ha perdido. Amor a la niña interior que es mi subconsciente herido y maltratado, al que nunca presté atención y sigue protestando por ello cada vez que se siente nuevamente atacado, creyendo que su paz y su discordia vienen de afuera, cuando no es verdad. Como dijimos, cuando algo exterior nos altera sobremanera es porque está resonando con una herida interna que no hemos resuelto, una herida que se creó en nuestra infancia, cuando no teníamos madurez para encajarla y quedó ahí, abierta y sin curar, en una frecuencia desafinada. De modo que cualquier cosa que nos pasa y que está en la frecuencia de esa herida, nos hace explotar, reaccionar airadamente y tomar malas decisiones. Por eso ahí es donde más sentido tiene el Amor. Y por eso resulta tan poderosamente terapéutico el Ho'oponopono y su mantra "lo siento, perdóname, te amo, gracias". Que en realidad no se le dice al otro, como aclaramos (aunque puedes hacerlo si lo sientes), pues, quien realmente lo necesita, es la parte de nosotros que, por las heridas que no atendimos, ha bajado nuestra vibración ante un evento X y ha permitido recibir la oscuridad que ahora nos está afectando.

Hoy mismo puede ser el día en que cambies el estado de lucha por un estado de positiva y deportiva DISIDENCIA ante las leyes y actuaciones más infames que traten de imponer las élites y gobiernos afines, con la plena confianza de que tú tienes el poder y que tú mereces toda la abundancia del universo que, por cierto, te ofrece la propia naturaleza. Por lo tanto, desde hoy mismo puedes disfrutar el legado que siempre ha sido tuyo: la paz interior. Eso es lo que desarma el sistema. Eso es lo que desbarata sus planes. Asumir tu poder lo cambia todo. También en el ámbito de la pareja y las relaciones humanas. El que se instala en la lucha, invoca implícitamente a un agente agresor que justifique esa lucha. Si me considero víctima, creo situaciones que confirmarán mi creencia, como asevera la física cuántica, que por medio de nuestras creencias moldeamos la realidad que nos afecta. Por tanto, desde hoy, manda otro mensaje al Universo: SOY UNA PERSONA LIBRE Y EMPODERADA. SOY COMPLETA Y ABUNDANTE. LA PAZ Y LA ARMONÍA INUNDAN TODOS LOS ASPECTOS DE MI VIDA. VIVO EN SALUD Y EN EQUILIBRIO. GRACIAS POR LO BUENO DEL AHORA. GRACIAS POR LO BUENO QUE ESTÁ POR VENIR.

Afirmaciones de este tipo, siempre en positivo, como explicamos en el punto sobre la ley de atracción, desactivan el magnetismo celular hacia eventos negativos y lo activan respecto de eventos positivos. Elevan tu vibración y te fortalecen frente a cualquier amenaza, inhabilitando la necesidad de vivir en estado de lucha. El secreto no está en el esfuerzo y el sacrificio, sino en alinearte con las leyes universales adecuadas que te permitirán lograr tus objetivos sin desgastarte.

## 7 ACCIONES ÚTILES DE AFUERA A DENTRO

Todos somos pequeñas supernovas de la transformación social y para hacer explotar nuestro potencial se nos invita a cambiar el enfoque que nos ha tenido dispersos por décadas. Si esta transformación requiere algún esfuerzo, no es hacia afuera, es hacia adentro. El big bang, dicen, se produjo tras una implosión de materia concentrada en el espacio de un átomo. Ese es el camino, amigos/as, cultivarnos interiormente porque de ello, solo pueden salir acciones hermosas hacia afuera. Sin embargo, si dispersamos nuestra atención tratando de ordenar el caos que hay afuera, nos dejaremos arrastrar por vibraciones densas que nos debilitarán y frustrarán, volviendo inútil cualquier propósito. Esto no significa que olvidemos la acción social, significa que enfoquemos nuestra mayor atención en un desarrollo interior constante, dejando nuestra atención restante para abordar iniciativas sociales que encaucen y den espacio a la materialización de las creaciones que nuestro ser, ya más despierto y amoroso, será capaz de concebir.

### 7.1 CAMPAÑAS "POR" EL AMOR Y EL RESPETO
A estas alturas, todos hemos sido testigos de campañas muy costosas, impactantes y relativamente elocuentes para "luchar contra" la violencia en la pareja, aunque la llamen "de género". Casi todas, si no todas, contienen un mensaje de "amenaza" y "desprecio" hacia la persona agresora que, misteriosamente, siempre es un hombre.

Como ya hemos aprendido, enfocarse en lo malo atrae más de lo malo y utilizar un lenguaje negativo, refuerza lo negativo. Por eso, una campaña realmente transformadora debe empezar por usar bien el poder de la palabra y en lugar de emplear el "contra" que invoca aquello que rechazamos, preferir el "por", que evocaría lo deseable. Alguien dijo una vez algo así como "no me llamen a una marcha CONTRA la guerra, llámenme a una marcha POR la paz". Este uso del "POR" nos obliga a focalizarnos en lo que queremos conseguir, es decir, en el estado que deseamos disfrutar y, por tanto, nos invita a visualizarlo, a concebirlo y de ahí, a vibrar en la emoción de que es alcanzable, de que podemos imaginarlo porque en algún plano ya es real. Desterremos por tanto el "contra" de nuestro discurso social y asociémonos al "por", también en nuestro lenguaje cotidiano, pues adoptaremos a un socio asombrosamente efectivo para nuestros fines. Con esa idea titulé mi programa de charlas en colegios "Por el buen trato en el noviazgo".

Obviamente, llegados a este punto, sobra recordar que las campañas de sensibilización no deben focalizarse en la maldad o vulnerabilidad intrínseca de nadie por su género. La vulnerabilidad es algo mucho más energético y psicológico que físico y, además, si lo pensamos bien, se puede matar a alguien de muy retorcidas formas sin mancharse las manos de sangre ni ejercer fuerza física. Las nuevas generaciones, como relatan muchos profesores, ya demuestran una mayor igualdad en la agresividad que manifiestan ambos géneros, por lo tanto, no podemos mantener ese lenguaje sexista y ambiguo que acaba relativizando la violencia, como si fuera condenable solo cuando es un varón el ejecutor y una mujer la receptora.

Lo que todos deseamos, sin lugar a dudas, son unas relaciones cimentadas en el amor y el respeto, en cualquier sentido. Aboguemos por ello empezando por el amor y el respeto a nosotros mismos. **Cuando nos reconciliamos con nuestra oscuridad, cuando reconocemos nuestra condición sagrada como un engranaje de esta máquina perfecta que es** el cosmos, cuando asumimos que todo está bien y que hasta nuestros traumas y desarmonías forman parte de un proceso, de un camino, a mayor o menor velocidad, de retorno a la energía que nos emanó, entonces comprendemos que somos dioses y merecemos el mayor de los tributos. Y si lo asumimos de corazón, desprenderemos una vibración incompatible con el maltrato. Por eso, seamos creativos e inventemos campañas que nos inviten a realizar este tránsito desde el respeto a nosotros mismos para alcanzar el respeto y el amor por todos.

## 7.2  PUNTOS DE ATENCIÓN EN CRISIS

Tal como decía Vandana Shiva, una activista social y ecologista hindú ante el problema de la privatización de las semillas que tan desastrosa resultó para las economías familiares campesinas, "lo más revolucionario es un huerto", así mismo, lo más revolucionario es volverse hacia la solución particular de un aparente desastre social. Para problemas globales, acciones locales. Del mismo modo, para el fenómeno global de la violencia intrafamiliar y de pareja, tras embarcarnos en el trabajo personal de sanar nuestros traumas, también podemos habilitar puntos de atención en crisis a nivel local que representen el salvavidas que muchas personas necesitan en situaciones de peligro o desorientación extremos.

No se trata de una oficina de atención a la mujer, que ya las hay. Aquí propongo habilitar puntos de atención en crisis, ojalá y especialmente, para dar apoyo terapéutico a la PERSONA AGRESIVA, pero también para recibir, proteger y orientar a la PERSONA AGREDIDA, sea cual sea el género de ambos. Debiera ser, pues, un centro con personal capacitado en el reconocimiento y funcionamiento de la personalidad maltratadora para, sin juicio, facilitar la asistencia terapéutica que requiere, tanto en crisis, como en estado de normalidad.

Entiendo que algunos lectores encuentren una quimera especular siquiera con la posibilidad de que la persona agresiva reconozca su condición y acuda a un centro donde ser atendida. ¿Y saben? Es cierto. Sería una quimera que lo hiciera si se le convocase con campañas amenazantes y condenatorias como las que estamos acostumbrados a ver, pero no desde las campañas que propusimos en el punto anterior y desde la concepción de que toda persona conflictiva, tuvo unos condicionantes emocionales, educativos e incluso biológicos en su infancia, que contribuyeron al desarrollo de su conflictividad. De ahí que debamos contemplar al agresor o agresora de pareja como un todo complejo asociado a un ecosistema que no fue sostenible para su genuina sensibilidad. Por tanto, si respondemos con más hostilidad, generaremos más hostilidad y desadaptación. Cárceles más llenas, pero sociedades más subdesarrolladas. Y no aspiramos a eso, ya no es tiempo de eso. Una civilización podrá sentirse orgullosa de su progreso cuando cierre la última de sus cárceles por no necesitarlas. Objetivo que se consigue de a poco, vertiendo asistencia desde una comprensión profunda, en lugar de una venganza visceral.

## 7.3   GRUPOS DE ESCUCHA

No solo escuchar. La actividad de "escucharse" hoy en día parece un lujo que nadie quiera permitirse. Y, sin embargo, las respuestas que necesito para mi sanación y para mi situación particular están dentro de mí, en algún lado olvidado de mi subconsciente. Por tanto, facilitar espacios de escucha es la forma más inteligente de acondicionar el boscoso camino a la autosanación. Me gusta recordar una frase que debiera enmarcarse todo terapeuta consciente:

**El mayor poder de un sanador reside en hacer consciente a la otra persona de su propia autoridad interior.**

Un verdadero sanador o sanadora lo es en la medida en que sepa habilitar el espacio donde el paciente logre escuchar a su propio maestro interior. Por eso comparto aquí la presentación de un programa que diseñé como actividad comunitaria terapéutica para juntas de vecinos y otras agrupaciones, siendo una idea con un enorme potencial sanador. Lo desarrollé partiendo de mi experiencia como moderadora de Grupos de Ayuda Mutua en la Asociación VISC en España y que mejoré con mis múltiples experiencias relacionales en Chile, como mi invención del Círculo de Sabios en un Centro de Iniciativas Holísticas, los consejos de una buena amiga y terapeuta de Craneosacral y Gestalt, conocedora por experiencia de estos círculos, mi participación en algunas conferencias de la Corporación Escuchar en Chile y por mi acercamiento teórico a los Círculos de Escucha de la Fundación Claudio Naranjo.

**¿Qué contribución hace esta actividad?**
Aspira a cubrir la necesidad terapéutica de distintas personas de recibir una escucha activa en un entorno de respeto e intimidad, en un grupo de autoayuda moderado por una orientadora u orientador acreditado por la comunidad en función de sus habilidades, formación o experiencia. Esto cubriría o complementaría parte de la demanda de atención terapéutica que los consultorios u otros servicios de salud psicológica no pueden atender.

**¿En qué consiste?**
Los participantes, sentados en círculo, dispondrán de un espacio pautado donde expresarse, con unos tiempos marcados y unas reglas de juego que permitan la expresión de cada uno y la escucha activa del grupo, evitando interrupciones y juicios de valor. Fomentando actitudes que ayuden a procesar, asimilar, aceptar lo que está pasando, a desencallar

bloqueos, a encontrar respuestas a las preguntas y a "ayudarme mientras ayudo al otro". También habrá ejercicios para fomentar la relajación, la introspección y la consciencia de uno mismo. Y dinámicas artísticas, literarias o musicales como herramientas para procesar los temas, las ideas y las emociones que se presenten.

**Objetivo general:** Que personas en situación de vulnerabilidad emocional reciban apoyo para superar sus vivencias bloqueantes, dolorosas o traumáticas.

**Beneficios para los/las participantes:**
1) Adquirirán la herramienta de la escucha para apoyar adecuadamente a seres queridos o vecinos en situaciones de vulnerabilidad.
2) Serán habilitados/as para un uso más consciente y constructivo de la palabra que contribuya a la mejora de sus relaciones.
3) Aprenderán a ser resilientes por medio de la expresión de sus dificultades.
4) Se reencontrarán con la posibilidad de asumir una parte del control de su salud mental, con independencia y respeto a sus tratamientos médicos.
5) Entrenarán la sensibilidad para tejer redes comunitarias asistenciales naturales.
6) Descubrirán y fomentarán su potencial creativo y artístico como herramienta complementaria de autosanación.

**Destinatarios:** Mujeres, hombres, jóvenes o adultos mayores, personas de distinto género y orientación sexual y diverso tipo de vulnerabilidad. Se aconsejan grupos de 10 personas máximo y 6 mínimo. Lo ideal, desde mi perspectiva, es que agrupe a personas con similar problemática, sin distinciones por género, aunque se pueden ir adaptando en función de la idiosincrasia de cada comunidad.

**\*Observación:** Propongo aquí la iniciativa, en líneas muy generales, con la intención de que sirva de inspiración para desarrollar proyectos similares en las comunidades que la consideren útil, sin ánimo de lucro. Dadas sus naturales bondades terapéuticas, pienso que la implementación de tales herramientas no puede ser asumida por ninguna institución privada de forma exclusiva, pues tales actividades hunden sus raíces en costumbres ancestrales mantenidas en el tiempo por pueblos originarios.

## 7.4 ENCUENTRO DE ALMAS

Alineado con la propuesta de escucharnos, concebí otra práctica con potencial terapéutico, pero a un nivel más de alma, sin necesidad de intervención de la palabra, sino solo de la presencia consciente y amorosa. Me explico:

Quizá estés pasando desafíos emocionales que requieran de la ayuda de un terapeuta o profesional de la salud. Búscalo de ser así. Pero si tus conflictos no son tan graves y lo que necesitas es una visión algo más expandida sobre ti y tu situación presente, hay otra forma de acceder a ello sin arriesgar demasiado a equivocarte.

Alguien llamó "sesiones de alma" a una variante de esta herramienta, aunque yo la intuí con otros matices y la llamaría "encuentro de almas". Si eres terapeuta, puedes hacerlo con tus consultantes. Y si eres el "buscador", puedes proponer a un terapeuta de tu confianza el practicarlo con él/ella. Incluso, si tienes un amigo a quien le atribuyas cierta madurez y equilibrio emocional, cierta coherencia y trabajo personal, cierta estabilidad y generosidad, también se lo puedes proponer, aunque no sea terapeuta acreditado. ¿Por qué?

Una vez comprendí que nuestros campos electromagnéticos conversan con los campos de las personas con quienes convivimos, nos relacionamos o coincidimos ocasionalmente. Más allá del intercambio de palabras, existe un intercambio de información a nivel energético. Dicen que el campo electromagnético es de mayor tamaño en las personas que meditan, que están en coherencia interna, que disfrutan de paz interior y son capaces de dar amor en situaciones en que al común de los mortales nos cuesta. Y si es cierto que el campo habla, se me antoja pensar que esos campos más expandidos están llenos de respuestas en mayor cantidad y calidad que los campos de menor tamaño. Estos campos más pequeños serían como niños llenos de preguntas que, cual esponja, absorberán las respuestas de los campos más saturados de sabiduría. Por eso, puede suceder que cuando nos cruzamos con personas sabias, aunque sea por un rato en el metro o el bus, sin conocerlas, sin saber que estaban ahí, sin ni siquiera mirarlas, puede que al llegar a casa o al trabajo, nos sintamos más lúcidos e inspirados. Y puede, incluso, que resolvamos asuntos que llevaban días inquietándonos. Pasó, quizá, que nuestro campo bebió de algún campo más expandido con el que nos cruzamos. ¿Por qué Jesús sanaba a personas que solo tocaban su manto? ¿Y si ese manto fuera simbólicamente este campo?

Resonándonos esta posibilidad, ¿qué pasaría si intencionáramos esa práctica en una sesión de encuentro de almas? Intuyo que nuestra apertura, disposición y consciencia sería mayor para beber del campo de nuestro eventual "terapeuta" y, por tanto, también sería más perceptible el efecto.

Por eso propongo que busquen un lugar adecuado, confortable y silencioso donde sentarse frente a frente, a una distancia que no resulte invasiva, pero que permita mirarse a los ojos. Y que, siempre sin hablar, expresen interiormente el siguiente deseo: que su ser superior se haga presente y facilite la conversación, a nivel de alma, que sea más reveladora, benevolente y oportuna para ambos.

Entonces, simplemente, mírense a los ojos por diez, quince o veinte minutos. Y mientras tanto, mantengan el pensamiento más limpio y amoroso posible, dejando que sus campos electromagnéticos y seres superiores hagan el resto.

Lo que esperamos que suceda es que recibas solo lo que estás preparado para asimilar, en la forma y en la cantidad más justa y pura, pues vuestro ser energético o espiritual tiene una mayor perspectiva para entregar o consultar lo que en ese momento te está faltando para cumplir con tu misión.

En resumen, en la comunicación silenciosa:

Tu divinidad interior habla.
Tu campo electromagnético habla.
Tu doble cuántico habla.
Tu estado vibratorio habla.
Tu capacidad de amar habla.
Tu ser superior habla.
Tu niño interior habla.
Tu cuerpo habla.
Tu ego calla.

Al mismo tiempo que:

Tu divinidad interior celebra.
Tu campo electromagnético crece.
Tu doble cuántico atiende.
Tu estado vibratorio conecta.
Tu capacidad de amar empatiza.

Tu ser superior recuerda.
Tu niño interior se descubre.
Tu cuerpo se escucha.
Tu ego calla.

Y en ese proceso:

Tu divinidad interior crea lo que necesitas.
Tu campo adquiere lo que necesitas.
Tu doble cuántico comunica lo que necesitas.
Tu vibración se eleva lo que necesitas.
Tu amor se expande lo que necesitas.
Tu ser superior comprende lo que necesitas.
Tu niño interior se emociona.
Tu cuerpo se sana.
Tu ego se ordena.

## 8  PREGUNTAS FRECUENTES

Para ir finalizando este viaje contigo a través de las potencialidades de nuestro ser, abordaré preguntas que me plantean con frecuencia, respondiéndolas a modo de resumen.

### 8.1  ¿Qué hacer ante una pareja celosa a la que amamos, pero que no reconoce su problema, nos hace culpables de su inseguridad y no quiere recibir ayuda?

En primer lugar, estando con alguien que no reconoce tener un problema y que encima te acusa de ser tú quien despierta sus desconfianzas, hay poco que hacer con él/ella desde el punto de vista terapéutico. Es decir, estamos ante una persona que no quiere recibir ayuda, por tanto, no podemos forzar esa solución, respetando su libre albedrío. Sin embargo, sí podemos hacer algo por nosotros en distintos niveles, por nuestra salud, dignidad, seguridad y felicidad. Como hemos explicado en las páginas de este libro, si convivimos con alguien que, de algún modo, nos está maltratando o castigando, hemos de revisar si, en algún lado de nuestro inconsciente conservamos un sentimiento de culpa antiguo no resuelto. Recordemos que ese sentimiento activa el mecanismo psíquico automático de querer cerrar el círculo maldad-castigo, es decir, esa ley artificial de que "todo lo malo tiene que castigarse". Desde esa ley es que, cuando nuestro niño interior se siente malo/a, acabamos atrayendo verdugos a nuestra vida que apliquen la ley y resuelvan el círculo. Por eso, debemos sanar las heridas de nuestro niño interior y reprogramarle esa creencia, para que no solo crea, intelectualmente, sino que asuma emocionalmente, que "él/ella, no tuvo la culpa" de cualquier cosa de la que se acusó a sí mismo/a o le acusaron en la infancia. Haciendo esto y desprendiéndonos de cualquier sensación de culpabilidad, dejaremos de atraer personas castigadoras y cabe la posibilidad, incluso, que las alejemos de nuestra vida sin ningún otro esfuerzo, en cuestión de días. Paralelamente y, por si acaso, hay que hacer otras consideraciones, sobre todo si existen hijos de esa relación:

a) Hacernos conscientes que ni siquiera el amor más grande puede curar a una persona que no quiere sanarse, por tanto, de nada sirven nuestros esfuerzos por acomodarnos a la disfunción del otro, sacrificando nuestra naturalidad y libertad.

b) Tomar la decisión interna de separarse, enfrentando el duelo que ello suponga, dado que, probablemente, estamos enamorados/as del lado luminoso de la otra persona. Por tanto, actuar con la madurez y responsabilidad con que encajaríamos cualquier pérdida. Dándonos el tiempo para llorar y lamentarlo, pero reponiéndonos para avanzar con nuestra vida, por nuestro bien y el de nuestros hijos, desde la confianza de que merecemos lo mejor y solo así podrá llegar.

c) Tomada la decisión, diseñar una estrategia de separación segura:
1. Considerar dónde viviremos en una primera etapa.
2. Antes de trasladarnos, dejar una constancia en la policía de los motivos por los cuales dejamos la casa con los hijos, evitando así una denuncia por abandono de hogar.
3. Desde el nuevo hogar provisional, plantear la separación a nuestro cónyuge, idealmente vía correo o mensaje telefónico y conservar siempre respaldo de las comunicaciones que se establezcan desde entonces.
4. Iniciar los trámites y si en algún momento hay que encontrarse en un juzgado para establecer las condiciones de la separación, los bienes y la custodia de los hijos, hacerlo siempre acompañados/as.

5. Si quien pide el divorcio es la mujer y los hijos son menores de edad, a menos que se acredite alguna incapacidad de ella, ésta asumirá la casa familiar, donde podrá llegar cuando el ex cónyuge la desocupe, ojalá pacíficamente.

6. En cuanto a los términos de la custodia de los hijos, constatar que no exista contra ellos ninguna amenaza, ni agresión, ni tentativa de usarlos como arma de castigo. Si no las hay contra ellos, pero permanece el trato hostil contra nosotros, cuando haya que dejarlos con la persona celosa, hacer la entrega en un centro de mediación familiar, evitando encontrarse con él/ella físicamente.

d) Proceder con el trámite y contar con todo el apoyo terapéutico, familiar y social que podamos obtener para así, emprender una nueva vida con posibilidades de mayor plenitud, satisfacción y crecimiento personal.

Finalmente, eliminemos cualquier sensación de víctima que encontremos dentro nuestro y asumamos nuevos programas de autoconfianza. Seleccionemos e incorporemos información al respecto que resuene con las aspiraciones de felicidad de nuestro niño interior. Entreguémonos la alegría y la liberación que nos hemos estado guardando, volvamos a ser nosotros mismos y confiemos que nos están esperando personas que van a querernos y respetarnos tal cual somos, disfrutando con nosotros de que expandamos nuestros potenciales mediante nuestra relación con otras personas y experiencias.

## 8.2 ¿Qué hacer cuando mi pareja rechaza a los hijos de mi anterior relación?

Es una situación bastante común, fuente de conflictos y causa de un gran sufrimiento para todos los implicados. Por una parte, está la persona que llega a la relación con uno o más hijos de una o más relaciones anteriores. Dada la legislación clásica, si es mujer, probablemente llega con ellos de la mano, literalmente. Si es hombre, quizá no conviva con ellos tan a menudo, pero llega con la necesidad de seguir viéndolos, de participar de sus etapas de crecimiento, no solo sus fechas y eventos relevantes, sino toda ocasión que puedan compartir para hacer de cada detalle, gesto o palabra un recuerdo significativo y ojalá positivo que el hijo atesore en los momentos inevitables de ausencia de este progenitor no-custodio. Confío que cada vez suceda menos, pero en algunas ocasiones, este padre/madre tiene que lidiar con la actitud vengativa de un progenitor custodio inestable, cuando la separación fue contra su voluntad o por infidelidad del otro y decide usar a los hijos como arma, obstaculizando las visitas pactadas y la comunicación e, incluso, induciendo a los hijos a que no quieran ver a este padre/madre. Sin embargo, si esto no sucede o bien, si este trance es superado con mayor o menor éxito, el siguiente desafío es que la nueva pareja acepte a este hijo ajeno.

¿Por qué no lo haría? Si es mujer, hay un instinto biológico por el que la hembra rechaza a los hijos que no son de su camada para asegurar que el padre, como resultado de su cacería, garantice el sustento de su propia camada. Si es hombre, también hay un instinto animal por el que el macho rechaza a los hijos que no son de su linaje cuando su programa inconsciente le incita a propagar su propia genética. Son factores que escaparían a nuestra influencia, sin embargo, en la medida en que esto no sucede siempre con todos los seres humanos y, gozosamente, sucede lo contrario en una gran cantidad de familias de nuestra especie, sabemos que este factor "animal" no es tan condicionante ni mucho menos, definitivo.

Descartando el anterior aspecto, deducimos que hay una causa de índole psicológico, asociada a la propia inseguridad emocional para rechazar al hijo de la persona con quien decido unirme, a sabiendas de que tiene descendencia fruto de otra relación. Quizá no reconozco esta inseguridad conscientemente, pero siento incomodidad y malestar ante la idea de que mi pareja traiga a los hijos que tuvo con otra persona a la casa que compartimos, los incorpore en nuestras actividades de fin de semana o, incluso, que interactúen como hermanos con los hijos que tuvimos nosotros. Si esta incomodidad es desproporcionada e insuperable, la persona afectada debiera llegar a reconocer que es un síntoma disfuncional, debiera observarlo e, incluso, atenderlo con ayuda terapéutica. Cabe la posibilidad de que esté vinculada a experiencias de abandono, comparación o sustitución en la infancia, vivencias que quizá no se dieron objetivamente, pero nuestra mente infantil las experimentaría de ese modo. Recordemos que cuando un niño o niña no es atendido o protegido como su sensibilidad afectiva requiere, acaba dudando de su propia valía y merecimiento. Y si nadie le aclara que su duda no tiene sustento, que sus padres, aunque a veces lo hagan con torpeza, le aman incondicionalmente y que su relativo distanciamiento no es culpa suya, esa situación siembra en él una inseguridad afectiva que enquistará en su corazón adulto hasta que la trate adecuadamente. Pero si no lo hace, esa herida resonará, vibrará y se abrirá cada vez que viva una experiencia donde la pareja, quien representa el papel afectivo que jugó su progenitor principal en la infancia, dirija su tiempo, atención o energía afectiva a personas o eventos que considere ajenos al núcleo familiar. Pues lo asocia a la sensación y suposición que hizo en la niñez de que "alguien fuera de casa le roba la atención de su madre/padre". A nivel inconsciente, esa incomodidad "visceral", es decir, no procesada por la razón, aparece porque nuestro niño interior herido recrea aquella duda que nadie resolvió cuando se sintió abandonado, de si era lo suficientemente válido y merecedor de amor. Un evento nuevo está recordando un evento antiguo vivido con dolor. Aquí, lo que haría un terapeuta, o bien, lo que puede hacer uno mismo mediante alguna meditación psicodramática donde se encuentre con su niño interior, es transmutar la emoción antigua de dolor, en una de reconciliación, ofreciéndose a sí mismo la explicación amorosa que ningún adulto supo darle en su infancia. Cuando nuestro niño interior entienda emotivamente (no solo desde la mente) que sus padres lo amaron lo mejor que supieron, que él fue un niño perfecto y que ahora nunca le va a faltar el cariño y la atención que necesita, porque nuestro yo adulto se la entregará, se produce una reparación y reprogramación del recuerdo doloroso. Sucede, con ello, que se afinan las cuerdas de nuestra guitarra respecto a ese evento y ya no debieran resonar ante ninguna amenaza disonante de ese estilo.

Hablemos, entonces, de la parte más sensible de esta ecuación, la más vulnerable: el niño o la niña que viene de un matrimonio separado, con lo relativamente traumática que haya sido para él/ella esa experiencia y que ahora se encuentra con el rechazo de la nueva pareja de su padre o de su madre. Un rechazo que multiplicará su desamparo, inseguridad y culpabilidad, sobre todo si es explícito, en forma de indiferencia o reprobación constante. Sin embargo, aunque no lo reciba directamente porque esta persona se rehúsa a verlo, el niño lo intuye, haciéndose patente a través de la invisibilidad de la pareja en la nueva vida del padre/madre cuando está él presente, o en el nerviosismo que experimente su progenitor/a antes o durante el encuentro con él/ella, sabiendo que no cuenta con el beneplácito de su nueva pareja. O bien, lo notará cuando vea que estos encuentros se acortan o se distancian en el tiempo sin motivo aparente.

Ante este escenario, les invito a plantearse conmigo esta interpretación de lo que podría estar sucediendo a niveles más inconscientes analizando los procesos mentales naturales del niño: con la separación de sus padres, se encuentra en medio de una relación rota donde ama a ambos progenitores y no quiere distanciarse de ninguno, pero nadie le explica que no es culpa suya. Recuerden que no hace falta que le culpen expresamente de algo para que un/a niño, por su lealtad innata hacia sus "creadores", tienda a hacerse culpable por desavenencias entre ellos que acaben afectándolo a él/ella de algún modo. Siendo así y como ya explicamos en páginas anteriores, cuando uno se hace culpable de algo, se siente "malo" y como, según nuestra programación sociológica, "todo lo malo tiene que castigarse", atraeremos al verdugo o los verdugos que se ocuparán, durante toda nuestra vida, de propinarnos el castigo que cierre el círculo de esta particular justicia. La falta de autoestima sería, pues, la inventora de los múltiples verdugos que atraemos a nuestra vida para confirmar esa creencia inconsciente de que somos malos. Por lo tanto, un rechazo tan injustificado e irracional como el de una persona adulta (nuestra nueva pareja) hacia un niño que no es ninguna amenaza objetiva para él/ella, también puede interpretarse como una creación inconsciente del propio niño desde su falta de amor a sí mismo. ¿Cómo podríamos abordar este desafío desde tal perspectiva? Trabajando con la autoestima del niño... y sanándola. Comprendiendo el magnetismo que tienen las energías afines, asumiremos que cuando este niño recupere la conciencia de que es bueno/a, de que es amado incondicionalmente y de que no es culpable de nada, saldrá de la posición de víctima y dejará de atraer a verdugos. En términos cuánticos diríamos que los átomos de sus células accederán a una vibración más alta que será incompatible con la vibración, mucho más densa, del rechazo y el maltrato. Con este cambio en el niño, ese adulto que antes lo rechazaba, podría dejar de hacerlo progresivamente hasta, incluso, reconciliarse con él/ella por la autoconfianza que ahora transmitirá.

## 8.3 ¿Qué hacer ante una persona en pleno estado de crisis?

Esta es la pregunta, digamos, más "urgente", porque de ello puede depender el desenlace de una discusión o de una relación: ¿Cómo actúo cuando mi pareja está en modo descontrolado, arrojando recriminaciones, improperios, ataques hirientes, amenazas, etc. en medio de gritos y/o llanto?

Primero te invito a preguntarte ¿cómo actuarías ante alguien en pleno infarto al corazón? ¿Le reprocharías? ¿Le gritarías? ¿Te ofenderías? ¿Te infartarías tú también? Daniel Goleman, el autor del famoso libro *Inteligencia emocional*, define estas crisis como estados de "secuestro emocional". El reconocido escritor y conferenciante Emilio Carrillo los llama "infartos de enfado", como ya les conté, situación que invita, como mínimo, a una actitud preocupada y compasiva de nuestra parte. La cuestión es que estamos ante alguien totalmente fuera de su centro, con su lado racional bloqueado y su lado emocional conectado con el ardor de una vieja herida que, por un motivo equis, se reavivó, se prendió, se llenó de sal y empezó a escocer dolorosamente. Considerando esto, las estrategias más asertivas que he descubierto, no son mías esta vez, ojalá las hubiera conocido hace 20 años, sino del psicólogo Albert J. Bernstein, quien las propone para calmar a niños descontrolados, pero que sirven perfectamente para actuar ante un adulto. Se las comparto como me llegaron y un poco adaptadas, a la luz de mi humilde criterio:

1) Mantén la calma. Sigue en modo conversación y no reacciones emocionalmente. Da el tiempo necesario para que la persona afectada libere la presión de su olla emocional.

2) Cuando puedas, trata de ralentizar la conversación. Pídele "Por favor, habla más despacio". No digas "Deja de gritar", ni órdenes similares. A una persona en este estado no le gusta que le digan lo que tiene que hacer.

3) Hazle preguntas del tipo "¿Qué te gustaría que hiciera por ti?", "¿Cómo puedo ayudarte?" o "Tienes toda mi atención, dime cómo podemos solucionarlo". Esto apela a su racionalidad y mientras piensa una respuesta lógica, se va calmando.

4) Demuestra empatía con su emoción. Si expresa un dolor exagerado, no lo corrijas, no lo minimices, no lo juzgues, solo dile: "Debes sentirte muy mal". Así la persona se sentirá escuchada y eso también la calmará.

5) Deja que la persona alterada tenga la última palabra en esta conversación, pues está sensible y lo necesita. Pero no consideres (aunque las escuches y acates silenciosamente) sus incitaciones a tomar decisiones demasiado drásticas. Pues ahora su razón está secuestrada, pero cuando se calme, verá las cosas de un modo distinto.

Si bien estas instrucciones no resuelven el problema de fondo, sí serán útiles para abordar con más seguridad y equilibrio las crisis puntuales, dando un nuevo margen de tranquilidad para analizar las decisiones a tomar en adelante.

## 8.4 ¿Cómo ayudar a otros?

Otra pregunta más general, aunque ya se ha abordado en varios puntos, pero que se hace mucha gente es **cómo ayudar a un ser querido inmerso en una relación conflictiva.** Esta duda la voy a responder imaginando que la persona que les preocupa puede ser hombre o mujer e, incluso, que puede ser la parte agredida o la parte agresora. Todos son víctimas de algo que está más allá de su género, su ideología o su rol en la pareja.

En primer lugar, como aspirantes a "ayudadores", revisen su propia coherencia interna, si desde algún lugar se están maltratando a sí mismos, están permitiendo que alguien les maltrate/cele o están maltratando/celando a alguien. Y con mucha compasión, traten de resolver su propio conflicto antes de abordar el conflicto ajeno, porque el consejo de una persona incoherente parte debilitado desde su origen y va directo a caer en saco roto. Esto sucede sin que necesariamente la otra persona sepa de las incoherencias de uno, sucede porque "se nota". Porque hay algo sutil, algo invisible y sin embargo rotundo que indica que tu mensaje está vacío. En cierto modo, la posición de ayudador no deja de tener algo de soberbia cuando lo hacemos dando por hecho que "estamos mejor" que el otro. Lo que da magnetismo y autoridad a tu palabra es tu coherencia interna que, si bien no es fácil tenerla al 100%, sí podemos incrementarla con la auto-observación, el auto-cuestionamiento, la humildad, la consecuencia y el trabajo personal.

Recordemos la hipótesis de la propuesta terapéutica que llamé "Encuentro de almas": nuestro campo electromagnético, que es como un halo energético que nos rodea con un radio aproximado de un metro hacia afuera desde nuestra piel, en su interior contendría respuestas que solo pueden "leer" otros campos electromagnéticos. Cuanta más coherencia interna logremos, más respuestas contiene nuestro campo. Y cuando nos acercamos a otras personas, su campo se mezcla con el nuestro y aunque no crucemos una palabra o conversemos de cualquier otra cosa, en los días siguientes, esa persona "descubrirá" las respuestas a algunas de sus preguntas y necesidades más urgentes. Aunque no sea ciencia contrastable, a mí me ha sucedido en ambos sentidos y ejemplifica, por una parte, la importancia de la coherencia interna y por otra, que a veces no es necesario hablar para ayudar.

En segundo lugar y en todo caso, asuman la norma básica de que no se puede ayudar a quien NO desea ser ayudado. Pero cambien la palabra "ayudar" por la de asistir o acompañar, así no perderán la perspectiva de que la decisión y el trabajo es del otro, no de ustedes. Y que, si en última instancia, renuncia a abordar soluciones al conflicto, está en su sagrado derecho. Tú no debes insistir en impedir que alguien se estrelle contra un muro si, tras advertirle con tus mejores intenciones y argumentos, decide avanzar en la misma dirección. Porque quizá su alma necesitaba esa experiencia para obtener un aprendizaje que no asimilaría de ningún otro modo. ¿Incluso si eso le lleva a la muerte? Incluso. Perder el envoltorio que ocupamos en esta limitadísima tercera dimensión, no es tan terrible. Es solo un tránsito, un cambio de nivel o un *game over* para una nueva partida en este u otro planeta. Y a los ateos les digo lo mismo: están en lo cierto, este cuerpo muere para siempre y se lo comen los gusanos. Pero como sabe la ciencia, la energía ni se crea ni se destruye, solo se transforma y aquella que hemos generado en nuestra conciencia también se transforma, viaja y habita otros cuerpos, mundos, planos y dimensiones, en función de las experiencias que requiera su camino de vuelta al origen. La cuestión es que la libertad del otro para estrellarse con su vida es inviolable y sagrada, sirviendo incluso en algún caso, para regalarnos un potente aprendizaje a los demás.

En tercer lugar, frente a esa persona sumida en una relación conflictiva y permeable a recibir nuestro acompañamiento, lo más importante es no juzgarla, sea cual sea su rol, de agresora o de agredida. Piensen que, en cualquier caso, es agresora de sí misma por una enquistada falta de amor propio fruto de experiencias antiguas. Acompáñale a los momentos de su infancia en donde vio o sufrió castigos u abandonos y acabó creyendo que los merecía. Si es una persona que recibe maltrato, puede soportarlo por varios motivos: quizá vio a uno de sus progenitores ser castigado/celado por el otro y reaccionar de forma sumisa, sin defenderse, por tanto, otorgando justificación al maltrato por omisión de defensa. Que el niño o niña vea a su madre o padre asumir un castigo sin defenderse, le hace pensar, primero, que lo merecía y segundo, que es válido el acto de maltratar del modo en que lo hiciera el otro progenitor. Pero también puede suceder que no haya visto maltrato explícito entre sus padres, sin embargo, sí lo haya sufrido en forma física o psicológica. Y en "psicológica" entra cualquier forma de castigo o recriminación impulsiva y desproporcionada a sus intenciones. Esto puede ir desde una mirada de desprecio y desaprobación acompañada del más absoluto silencio, hasta un insulto bien sonoro, por algo que el infante ha hecho mal o ha dejado de hacer bien. Otra cosa que puede haber sucedido en su infancia es que sus padres se hayan separado de un modo más o menos conflictivo o se hayan alejado del núcleo familiar por otras circunstancias y nadie le haya explicado que no fue por su culpa, creyéndose responsable de tal abandono, pues así lo vivirá. Recordemos que los niños tienden a hacerse culpables por todo y si el niño o niña siente que es culpable por algo y no ha sido castigado por ello, él mismo se procurará el castigo de algún modo a lo largo de su vida o se expondrá al castigo de otras personas para cerrar el círculo "maldad-castigo" instalado en el subconsciente colectivo de la humanidad. Cuando nuestro ser querido se identifique con alguna de esas realidades, encontrará un porqué revelador sobre su tolerancia al maltrato. Llegados a ese punto, debiera realizar una visualización o teatro-ritual donde recrease un encuentro con aquel niño, para verbalizar, y que todas sus células lo escuchen, un sinfónico y amplificado NO FUE CULPA TUYA.

Cuando asimilamos, no tanto con la mente, sino con las neuronas del corazón, esa verdad, tremenda para un/a niño, le liberamos de la necesidad inconsciente de ser castigado/a por el resto de su vida. Y entonces debiera resultarle inconcebible e inaceptable, ser maltratado/a por sí mismo/a o por otras personas. El castigo (de cualquier tipo) ya no "resonará" con su nueva vibración.

Y si el adulto a quien queremos ayudar es la persona agresora, lo mismo. Su impulso agresor viene del impulso de castigar lo malo al que, con toda seguridad, fue excesivamente sometido/a en su infancia, por cosas que, en el fondo, no eran tan graves, distorsionando su propio criterio para juzgarse a sí mismo y a los demás. Utilizar las claves que ofrece este libro puede ayudarle a entenderlo, como punto de partida. Sin embargo, es recomendable una o varias sesiones de terapia psicodramática para sanar a su niño interior. Yo tengo la confianza que por medio de meditaciones y visualizaciones uno/a mismo/a podría sanarse. Para las personas que, como yo, carezcan de esa habilidad para concentrarse tanto, sugiero usar el arte y la artesanía. Si no puedes imaginar en abstracto a tu niño interior, haz una escultura, un muñeco de tela, una pintura, una canción, una obra de teatro, un poema, canta canciones que reconforten a tu niño, obtén una mascota para hablarle y tratarla como necesitaste que hicieran contigo. A falta de acceso a un buen terapeuta, todo esto también puede ayudarte.

Desde mi experiencia y humildes conocimientos, esa sería la asistencia que sugiero ofrecer a nuestro ser querido, las herramientas teóricas y prácticas propuestas a lo largo de este libro y si las acoge, estar disponibles para acompañarle a participar con él/ella, por ejemplo, de un teatro terapéutico o una creación artística intencional.

Ahora recuerda: en este universo infinito, debe haber infinitas respuestas a cada pregunta y si nos conectamos con el dios creativo que todos somos, obtendremos la orientación más adecuada.

## 9 EPÍLOGO AUTOBIOGRÁFICO

Yo fui una de esas alumnas inadaptadas del sistema educativo convencional. Mi forma de aprender requería una dosis de flexibilidad, práctica y dinamismo que nunca se daba en el colegio, así que mis notas eran el síntoma del fracaso de un sistema obsoleto y su invisible intento de adecuación a las necesidades de niños cada vez más inquietos y creativos, cosa que se resuelve con las iniciativas pedagógicas de las Escuelas Libres, cada vez más demandadas y normalizadas, afortunadamente. Sin embargo, en el "mundo al revés" de mi biografía escolar se pretendía forzar a los niños a encajar en un sistema vertical y mecánico pensado para que no pienses mucho, no cuestiones, no tengas iniciativa y, por supuesto, no te rebeles, a fin de alimentar un mercado que te prefiere como mano de obra obediente, a la vez que consumidor temeroso y compulsivo. Eso no era para mí y hoy vivo, al fin, bastante al margen de tal proyección, como muchos otros inadaptados-felices. Si bien, me aburría como un molusco en clase, desde muy pequeña me preguntaba el porqué de todo, sintiéndome atraída por distintas disciplinas, como la biología, la historia, la filosofía, el arte, la psicología, la lengua, la música o el deporte. De todo ello me gustaba saber y opinar, cosa que hacía con pasión en las redacciones de lenguaje. Mi tutora en básica llegó a decretar que yo de mayor sería escritora, sin embargo, nunca me sentí interpelada por tal invitación a causa de la pereza que me daba leer los libros que nos imponían. Y por pura coherencia, no podía aspirar a ser quien torturase a los niños del futuro con mis propios libros. Aunque en parte se cumplió el decreto, el caso es que siempre quería hacer las cosas a mi manera, la bendita manera que ningún adulto esperaba, para su desesperación y mi angustia. Vivía angustiada porque ellos me presionaban con estudiar más y mejorar mis notas, enfrentándome a una especie de traición a mí misma pues, aunque entonces no lo supe explicar, mi anhelo era disfrutar del aprendizaje a mi ritmo, detenerme en aquello que más me interesaba y aplazar lo que no, viendo inconcebible someterme a un ritmo que me era ajeno y, por tanto, violento. Así, a trancas y barrancas, superé la básica, el bachiller, el COU (curso de orientación universitaria) después de tres intentos y entré a la Universidad. ¿A qué carrera? "A cualquiera que no tenga matemáticas", me suplicó el profesor de repaso que me sufrió durante diez años. Y en esta lotería donde, en lugar de preguntarte por tu talento natural, te calzan el breve abanico de opciones formativas que alguien consideró suficiente para inculcar a los jóvenes la programación óptima con que fuesen sumisos al sistema, acabó cayendo Historia del Arte. De haber considerado mi don más genuino, como destacaban tantas amistades, habría elegido Psicología, pero ¡maldición!, tenía estadística, la prima de mi asignatura proscrita.

No obstante, parece que yo estaba llamada a responder a mi talento particular o así lo consideró el Universo, que quiso poner en mi camino una tentación ineludible para que estudiase los intríngulis de la mente humana de la única forma en que yo podía hacerlo: desde la práctica. ¿Cuál fue esa tentación? El amor. Y mi lealtad a mis intuiciones y sentimientos hizo el resto. Sé que, en el fondo, mi familia conocía mi incapacidad para renunciar a un deseo imperioso. De pequeña montaba un escándalo en la calle si no me compraban un dulce del horno que había en el trayecto del bus escolar a la casa, cuyo hipnotizante olor debía estar prohibido por algún tratado internacional de los derechos de las niñeras. La mía lo habría agradecido. Saben también que habría escapado de casa y dormido bajo un puente, si me hubiesen impedido ver a una amistad, aunque no les gustase. Así que cuando me enamoré, vía internet, de aquel maltratador que incluso había salido en la tele reconociendo su condición y dije a mis padres que me iba a vivir con él a la isla de Tenerife, les di el disgusto de su vida, pero sabían que no me lo podían impedir. Ya tenía 20 años y menos mal genio que de niña, pero la misma determinación. Solo pudieron negociar que visitara antes a una psicóloga quien, tras constatar mi complejo de mesías, nada más pudo hacer por revertir mi decisión.

Uno de los resultados de aquella experiencia lo tienen en sus manos. Sin embargo, nunca recomendaría hacer la temeridad que yo hice. No esa. Porque esa estaba perfectamente diseñada para mí. Sí les invito, en cambio, a preguntarse por sus misiones genuinas, ya que todos vinimos a este mundo PARA algo, algo que les conecte con sus potenciales creativos únicos y que, en su desarrollo, produzca un servicio a los demás. ¿Qué es aquello que sabes hacer mejor que nadie que conozcas? ¿Qué actividad te sale bien sin ningún esfuerzo? Para mí, una de ellas era la comprensión de los mecanismos psicológicos que nos vuelven agresivos sin motivo y formas de encauzarlos o revertirlos. Mira qué cosa tan específica. ¿Existe una formación académica para eso? ¿Me habría dado solo la carrera de Psicología tal conocimiento en concreto? Quizá me habría distraído y creo que la personalidad maltratadora sigue sin comprenderse desde las instancias académicas. Las estadísticas sobre sus efectos corroboran, además, esa falencia. Pero para mí ya no es un misterio. Ni tampoco para quien lee mis textos o escucha mis charlas. Y aunque esté por reflejarse la solución a gran escala, he presentado una vía de investigación muy sospechosa de ser útil.

Todo esto revela, desde mi perspectiva, que cada persona somos la semilla que permitirá abordar cualquier desafío que se presente en nuestro planeta. Seguramente hay uno muy concreto que solo tú podrás resolver, uno que quizá encuentres saliendo de tu zona conocida y aventurándote a penetrar la selva de la vida leyendo las señales que ésta te irá dejando como migas de pan en el camino de vuelta a tu origen, a quien tú ERES. Entonces, sabiendo que tenemos neuronas en el corazón, te propongo, mejor dicho, NOS propongo, que seamos leales a nuestras intuiciones y sentimientos para dar con la llave, no solo de puertas hasta ahora impenetradas, sino de nuestra propia realización personal, pues solo desde ahí, desde el respeto y el amor a quienes somos por dentro, estaremos en condiciones de AMAR BIEN.

# Contenidos

imbuk
EDICIONES

imbukinfo@gmail.com

www.ingramcontent.com/pod-product-compliance
Lightning Source LLC
Chambersburg PA
CBHW031213270326
41931CB00006B/553